AF464360

PHILOSOPHIE
DE L'ART
EN ITALIE

PAR

H. TAINE

LEÇONS PROFESSÉES A L'ÉCOLE DES BEAUX-ARTS

PARIS

GERMER BAILLIÈRE, LIBRAIRE-ÉDITEUR

Rue de l'École-de-Médecine, 17.

Londres — Hipp. Baillière, 219, Regent street.

New-York — Baillière brothers, 440, Broadway.

MADRID, CH. BAILLY-BAILLIÈRE, PLAZA DEL PRINCIPE ALFONSO, 16.

1866

PHILOSOPHIE

DE L'ART

EN ITALIE

Paris. — Imprimerie de E. MARTINET, rue Mignon, 2.

A MONSIEUR ÉDOUARD BERTIN

H. TAINE.

PHILOSOPHIE DE L'ART

EN ITALIE

MESSIEURS,

L'an dernier, au commencement du cours (1), je vous ai exposé la loi générale selon laquelle se produisent en tout temps les œuvres d'art, c'est-à-dire la correspondance exacte et nécessaire que l'on rencontre toujours entre une

(1) Voyez *Philosophie de l'art*, par H. Taine, 1 vol. de la *Bibliothèque de philosophie contemporaine.*

œuvre et son milieu. Cette année, en poursuivant l'histoire de la peinture en Italie, je trouve un cas notable qui me permet d'appliquer et de vérifier cette règle devant vous.

I

Il s'agit de la glorieuse époque que les hommes s'accordent à considérer comme la plus belle de l'invention italienne et qui comprend, avec le dernier quart du xve siècle, les trente ou quarante premières années du xvie. Dans cette enceinte étroite florissent les artistes accomplis, Léonard de Vinci, Raphaël, Michel-Ange, Andrea del Sarto, Fra Bartholomeo, Giorgione, Titien, Sébastien del Piombo, le Corrége; et cette enceinte est nettement bornée; si vous la dépassez en deçà ou au delà, vous trouvez en deçà un art inachevé, et au delà un art gâté; en deçà, des chercheurs encore frustes, secs et roides, Paolo Ucello, Antonio Pollaiolo, Fra Filippo Lippi, Domenico Ghirlandajo, Andrea Verocchio, Mantegna, le Pérugin, Jean Bellin; au delà, des disciples exagérés ou des restaurateurs insuffisants, Jules Romain, le Rosso, Primatice, le Parmesan, Palma le jeune, les Carraches et leur école. Auparavant l'art germe, ensuite l'art se fane; la floraison est entre les deux et dure environ cinquante ans. Si dans l'époque précédente on rencontre un peintre presque accompli, Masaccio, c'est un méditatif qui fait un coup de génie, un inventeur isolé qui voit subitement au delà de son temps, un précurseur méconnu qui n'est point suivi, dont la sépulture n'a pas même d'inscription, qui vit pauvre et seul, et dont la grandeur précoce ne sera comprise qu'un demi-siècle plus tard. Si dans l'époque suivante on trouve une école florissante et saine, c'est à Venise, dans une cité privilégiée que la décadence atteint plus tard que les autres, et qui subsiste longtemps encore indépendante, tolérante, glorieuse, après que la conquête, l'oppression et la corruption définitives ont, dans le reste de l'Italie, dégradé les âmes et faussé les esprits. Vous pouvez comparer cette époque d'invention belle et parfaite à la zone où l'on cultive la vigne sur le versant d'une montagne; au-dessous le raisin n'est pas encore bon, au-dessus il n'est plus bon. Dans le terrain inférieur l'air est trop lourd; dans le terrain supérieur, il est trop froid; telle est la cause et telle est la règle; s'il y a des exceptions, elles sont petites, et peuvent être expliquées. Peut-être dans le terrain inférieur on rencontrera un cep isolé qui, par la vertu d'une séve excellente, produira en dépit du milieu quelques grappes exquises. Mais il sera seul, ne se reproduira pas, et comptera parmi les singularités que l'amas et l'embrouillement des forces agissantes interposent toujours dans le cours régulier des lois. Peut-être dans le terrain supérieur on trouvera un recoin de vignes parfaites; mais ce sera un recoin, dans lequel une circonstance propre, le caractère du sol, l'abri d'un contrefort, la possession d'une source, fourniront à la plante des aliments ou des protections qui lui manquent ailleurs. La loi restera donc intacte, et l'on concluera qu'il y a une espèce de sol et de température auxquels la réussite de la vigne est attachée. Pareillement, la loi qui régit la production de la peinture accomplie demeure entière, et nous pouvons chercher l'état de l'esprit et des mœurs duquel cette peinture dépend.

Auparavant, il faut la définir elle-même; car en l'appelant, selon le terme ordinaire, parfaite ou classique, nous ne marquons pas ses caractères, nous ne faisons que lui donner son rang. Mais si elle a son rang, elle a aussi ses caractères, je veux dire son domaine propre, duquel elle ne sort pas. — Elle dédaigne ou néglige le paysage; la grande vie des choses inanimées ne trouvera ses peintres qu'en Flandre; c'est l'homme que le peintre italien prend pour sujet ; les arbres, la campagne, les fabriquès, ne sont pour lui que des accessoires ; Michel-Ange, le roi incontesté de toute l'école, déclare, au dire de Vasari, qu'il faut les laisser comme amusement et dédommagement aux talents moindres, et que le véritable objet de l'art est le corps humain. Si plus tard ils en viennent aux paysages, c'est sous les derniers Vénitiens, surtout sous les Carraches, lorsque la grande peinture baisse ; encore n'en font-ils qu'une décoration, une sorte de villa architecturale, un jardin d'Armide, un théâtre de pastorales et de pompes, un accompagnement noble et ménagé des galanteries mythologiques et des parties de plaisir seigneuriales ; là les arbres abstraits n'appartiennent à aucune espèce distincte ; les montagnes s'arrangent pour le plaisir des yeux ; des temples, des ruines, des palais, se groupent en lignes idéales ; la nature perd son indépendance native et ses instincts propres pour se subordonner à l'homme, orner ses fêtes et élargir ses appartements. — D'autre part, ils laissent encore aux Flamands l'imitation de la vie réelle, le personnage contemporain dans son costume ordinaire, au milieu de ses habitudes journalières, parmi ses meubles véritables, à la promenade, au marché, à table, à l'hôtel de ville, au cabaret, tel qu'on le voit avec les yeux de la tête, gentilhomme, bourgeois, paysan, avec les particularités innombrables et saillantes de son caractère, de son métier et de sa condition. Ils écartent ces détails comme vulgaires ; à mesure que l'art s'achève, ils fuient de plus en plus l'exactitude littérale et la ressemblance positive ; c'est justement à l'ouverture de la grande époque qu'ils cessent de mettre des portraits dans leurs tableaux ; Filippo Lippi, Pollaiolo, Andrea di Castagno, Verocchio, Jean Bellin, Ghirlandajo, Masaccio lui-même, tous les peintres antérieurs peuplaient leurs fresques de figures contemporaines ; le grand pas qui sépare l'art définitif de l'art ébauché est cette invention des formes accomplies que découvrent les yeux de l'âme et que les yeux de la tête ne peuvent pas rencontrer. — Ainsi borné, le champ de la peinture classique doit se limiter encore. Dans le personnage idéal qu'elle prend pour centre, si l'on distingue l'âme et le corps, il est aisé de remarquer qu'elle ne donne point la première place à l'âme. Elle n'est ni mystique, ni dramatique, ni spiritualiste. — Elle ne se propose pas de figurer aux yeux le monde incorporel et sublime, les âmes ravies et innocentes, les dogmes théologiques ou ecclésiastiques, qui, depuis Giotto et Simone Memmi jusqu'à Beato Angelico, ont occupé l'art admirable et incomplet de l'âge antérieur; elle a quitté la période chrétienne et monacale pour entrer dans la période laïque et païenne. — Elle ne se propose point de découper sur la toile une scène violente ou douloureuse, capable d'exciter la pitié et la terreur, comme fait Delacroix dans *le Meurtre de l'évêque de Liége*, comme Decamps dans la *Morte* ou dans *la Bataille des Cimbres*, comme Ary Scheffer dans *le Larmoyeur*. Elle ne se propose point d'exprimer les sentiments profonds, extrêmes, compliqués, comme Delacroix dans son *Hamlet* ou dans son *Tasse*. Elle ne recherchera ces effets nuancés ou puissants que dans l'époque ultérieure, quand la décadence sera visible, dans les séduisantes et rêveuses Madeleines, dans les pensives et délicates madones, dans les martyres tragiques et tumultueux de l'École de Bologne. L'art pathétique qui veut frapper et troubler la sensibilité excitée et malade répugne à son équilibre. La vie morale ne la préoccupe pas aux dépens de la vie physique; elle ne se représente point l'homme comme un être supérieur trahi par ses organes; un seul peintre, inventeur précoce de toutes les idées et de toutes les curiosités modernes, Léonard de Vinci, génie universel et raffiné, chercheur solitaire et inassouvi, pousse ses divinations au delà de son siècle jusqu'à rejoindre parfois le nôtre. Mais pour les autres artistes et souvent pour lui-même, la forme est un but, non un moyen; elle n'est point subordonnée à la physionomie, à l'expression, aux gestes, à la situation, à l'action; leur œuvre est pittoresque et non littéraire ou poétique. « Le point important de l'art du dessin, dit Cellini, c'est de bien faire un homme et une femme nus. » En effet, ils partent presque tous de l'orfévrerie et de la sculpture; leurs mains ont palpé le relief des muscles, suivi la courbure des lignes, senti l'emmanchement des os; ce qu'ils veulent figurer aux yeux, c'est d'abord le corps humain naturel, je veux dire sain, actif, énergique, doué de toutes les aptitudes athlétiques et animales; c'est, en outre, le corps humain idéal, voisin du type grec, si bien proportionné et équilibré dans toutes ses parties, choisi et fixé dans une attitude si heureuse, drapé et entouré d'autres corps si bien groupés, que l'ensemble fasse une harmonie, et que l'œuvre entière donne l'idée d'un monde corporel pareil à l'ancien Olympe, c'est-à-dire divin ou héroïque, en tous cas supérieur et accompli. Telle est l'invention propre de ces artistes. D'autres ont mieux exprimé tantôt la vie de la campagne, tantôt la vérité de la vie réelle, tantôt les tragédies et les profondeurs de l'âme, tantôt une leçon morale, une découverte historique, une conception philosophique; on trouvera chez Beato Angelico, chez Albert Durer, chez Rembrandt, Metzu et Paul Potter, chez Hogarth, chez Delacroix et Decamps, plus d'édification, ou de pédagogie, ou de psychologie, plus de quiétude intime et domestique, plus de rêves intenses, de métaphysique grandiose ou d'émotions intérieures. Pour eux, ils ont créé une race unique, celle des grands corps nobles qui vivent noblement, et font deviner une humanité plus fière, plus forte, plus sereine, plus agissante, bref, mieux réussie que la nôtre; c'est de cette race jointe à son aînée, fille des sculpteurs grecs, que sont nées dans les autres pays, en France, en Espagne, en Flandre, les figures idéales par lesquelles l'homme enseigne à la nature comment elle aurait dû le faire et comment elle ne l'a pas fait.

II

Telle est l'œuvre ; il nous reste, selon notre méthode, à connaître son milieu.

Considérons d'abord la race d'hommes qui l'a faite ; si dans les arts du dessin ils ont pris cette voie, c'est en vertu d'instincts nationaux et permanents. L'imagination de l'Italien est classique, c'est-à-dire latine, analogue à celle des anciens Grecs et des anciens Romains ; on en a pour preuve non-seulement les œuvres de sa renaissance, sculptures, édifices et peintures, mais encore son architecture du moyen âge et sa musique moderne. Au moyen âge l'architecture gothique qui se répandait dans toute l'Europe n'a pénétré en Italie que tardivement, par des imitations incomplètes; si l'on y rencontre deux églises tout à fait gothiques, l'une à Milan, l'autre au couvent d'Assise, elles sont l'œuvre d'architectes étrangers; même sous les envahisseurs germains, au plus fort de l'exaltation chrétienne, les Italiens ont bâti dans le style ancien; quand ils l'ont renouvelé, ils ont gardé le goût des formes solides, des murs pleins, de l'ornementation modérée, de la lumière naturelle et claire, et leurs édifices par leur air de force, de joie, de sérénité, d'élégance aisée, font contraste avec la complication grandiose, l'orfévrerie hérissée, la sublimité douloureuse, le jour sombre ou transfiguré des cathédrales d'outremont. Pareillement et de nos jours, leur musique chantante, nettement rhythmée, agréable jusque dans l'expression des sentiments tragiques, oppose ses symétries, ses rondeurs, ses cadences, son génie théâtral, disert, brillant, limpide et borné, à la musique instrumentale allemande, si grandiose, si libre, parfois si vague, si propre à exprimer les rêves les plus délicats, les émotions les plus intimes, et ce je ne sais quoi de l'âme sérieuse qui, dans ses divinations et ses agitations solitaires, entrevoit l'infini et l'*au delà*. Si nous considérions la manière dont les Italiens et en général les peuples latins entendent l'amour, la morale, la religion, si nous observions leur littérature, leurs mœurs, et leur façon de comprendre la vie, nous y verrions par cent traits profonds éclater un genre d'imagination semblable. Son trait distinctif est le talent et le goût de l'*ordonnance*, partant de la régularité, de la forme harmonieuse et correcte ; elle est moins flexible et pénétrante que l'imagination germanique ; elle s'attache moins au fond qu'au dehors ; elle préfère la décoration extérieure à la vérité intime ; elle est plus idolâtrique et moins religieuse, plus pittoresque et moins philosophique, plus limitée et plus belle. Elle comprend mieux l'homme que la nature ; elle comprend mieux l'homme en société que l'homme barbare. Elle a de la peine à se plier, jusqu'à imiter et représenter, comme l'autre, la sauvagerie, la rusticité, la bizarrerie, l'accident, le désordre, l'éruption des puissances spontanées, les particularités innombrables et incommunicables de l'individu, les créatures inférieures ou sans formes, la vie sourde et indéfinie répandue à tous les ordres de l'être ; elle n'est pas un miroir universel ; ses sympathies sont restreintes. Mais dans son royaume qui est celui de la forme, elle est souveraine ; auprès d'elle l'esprit des autres races est grossier et brutal ; seule elle a découvert et manifesté l'ordre naturel des idées et des images. Des deux grandes races où elle s'est le plus complétement exprimée, l'une, la française, plus septentrionale, plus prosaïque et plus sociable, a eu pour œuvre propre l'ordonnance des idées pures, c'est-à-dire la méthode du raisonnement, et l'art de la conversation ; l'autre, l'italienne, plus méridionale, plus artiste et plus capable d'images, a eu pour œuvre propre l'ordonnance des formes sensibles, je veux dire la musique et les arts du dessin. C'est ce talent natif, visible dès son origine, permanent dans toute son histoire, imprimé dans toutes les portions de sa pensée et de son action, qui, rencontrant à la fin du xve siècle des circonstances favorables produisit une moisson de chefs-d'œuvre. En effet, l'Italie eut alors, ensemble ou presque à la fois, non-seulement cinq ou six grands peintres d'un génie extraordinaire, et supérieurs à tous ceux que depuis on a vus, Léonard de Vinci, Michel-Ange, Raphaël, Giorgione, Titien, Véronèse, le Corrége ; mais encore un peuple de peintres éminents et accomplis, André del Sarto, Fra Bartholomeo, le Pontormo, Albertinelli, le Rosso, Jules Romain, Polydore de Caravage, le Primatice, Sébastien del Piombo, Palma le vieux, Bonifazio, Pâris Bordone, Tintoret, Luini, cent autres moins connus, élevés dans le même goût, possesseurs du même style, et qui font une armée dont ceux-ci ne sont que les capitaines; en outre, un nombre presque égal de sculpteurs et d'architectes supérieurs, quelques-uns un peu antérieurs, la plupart contemporains, Ghiberti, Donatello, Jacopo della Quercia, Baccio Bandinelli, Bambaja, Luca della Robbia, Benvenuto Cellini, Brunelleschi, Bramante, Antonio de San Gallo, Palladio, Sansovino; et enfin, autour de ces familles d'artistes si variées et si fécondes, une multitude de connaisseurs, de protecteurs, d'acheteurs, un vaste public qui faisait cortége, non-seulement des gentilshommes et des lettrés, mais des bourgeois, des artisans, de simples moines, des gens du peuple; si bien que le grand goût à cette époque fut naturel, spontané, universel, et que la cité contribuait tout entière par sa sympathie et son intelligence aux œuvres que les maîtres signaient de leur nom. On ne peut donc considérer l'art de la Renaissance comme l'effet d'un hasard heureux ; il ne s'agit point ici d'un coup de dé amenant sur la scène du monde quelques têtes mieux douées, un lot extraordinaire de génies pittoresques ; on ne peut nier que la cause de cette belle floraison soit une disposition générale des esprits, une surprenante aptitude répandue dans toutes les couches de la nation. Cette aptitude a été momentanée, et l'art a été momentané. Elle a commencé, puis elle a fini à des époques fixes ; l'art a commencé, puis a fini aux mêmes époques fixes. Elle s'est développée, dans un certain sens ; l'art s'est développé dans le même sens. Elle est comme le corps dont il est l'ombre ; il suit sa naissance, sa croissance, sa décadence et sa direction. Elle l'amène et l'entraîne avec elle, et le fait varier d'après ses variations ; il dépend d'elle dans toutes ses parties et dans tout son cours. Elle est sa condition suffisante et nécessaire ; et partant c'est elle qu'il faut étudier en détail pour le comprendre et l'expliquer.

III

Trois conditions sont nécessaires pour que l'homme puisse goûter et produire la grande peinture. Il faut d'abord qu'il soit cultivé. Des rustres misérables, abrutis, courbés tout le jour sur leur glèbe, des chefs de guerre chasseurs, gloutons, buveurs, occupés toute l'année de cavalcades et de batailles, sont encore trop enfoncés dans la vie animale pour comprendre l'élégance des formes et l'harmonie des couleurs. Un tableau est un ornement dans une église ou dans un palais; pour le regarder avec intelligence et avec plaisir, il faut que le spectateur soit à demi dégagé des préoccupations grossières, qu'il n'ait point pour tout souci la pensée d'une bombance ou d'un horion, qu'il soit sorti de la barbarie et de l'oppression primitives, que, par delà l'exercice des muscles, le déploiement des instincts belliqueux, l'assouvissement des besoins corporels, il souhaite des jouissances fines ou nobles. Il était brutal et il devient contemplatif. Il consommait et détruisait, il embellit et savoure. Il vivait, il décore sa vie. Tel est le vaste changement qui s'opère en Italie au xve siècle. L'homme y passe des mœurs féodales à l'esprit moderne, et cette grande traversée s'opère en Italie plus tôt que partout ailleurs.

Il y a de cela plusieurs causes. La première, c'est que les gens de ce pays ont une extrême finesse et une grande promptitude d'esprit. La civilisation leur semble innée; du moins ils y atteignent presque sans effort et presque sans aide. Même dans les classes rustiques et incultes, l'intelligence est vive et dégagée. Comparez-les aux gens de même condition dans le nord de la France, en Allemagne et en Angleterre : la différence deviendra contraste. En Italie, un garçon d'hôtel, un paysan, un *facchino* que vous rencontrez dans la rue, savent causer, comprendre, raisonner ; ils portent des jugements, ils connaissent les hommes, ils dissertent sur la politique ; ils manient les idées comme la parole, d'instinct, parfois brillamment, toujours aisément et presque toujours bien ; surtout ils ont le sentiment naturel et passionné du beau. Il n'y a que ce pays où l'on entende les gens du peuple s'écrier devant une église ou un tableau : « O Dio, com' è bello ! » et la langue italienne a pour exprimer cet élan du cœur et des sens un accent, une sonorité, une emphase admirables, dont la sécheresse des mêmes mots français est impuissante à rendre l'effet.

Cette race si intelligente a eu l'avantage de ne point être *germanisée*, c'est-à-dire écrasée et transformée au même degré que les autres pays de l'Europe par l'invasion des peuples du Nord. Les Barbares ne s'y sont établis que temporairement ou à la surface. Wisigoths, Francs, Hérules, Ostrogoths, tous l'ont quittée, ou en ont été chassés très-vite. Si les Lombards y sont restés, ils ont été gagnés bientôt par la culture latine ; au XIIe siècle, les Allemands de Frédéric Barberousse, comptant trouver en eux des hommes de leur race, s'étonnaient de les voir tellement latinisés, « ayant quitté l'âpreté de la sauvagerie barbare et pris dans les influences de l'air et du sol quelque chose de la finesse et de la douceur romaines, ayant gardé l'élégance de la langue et l'urbanité des mœurs antiques, imitant jusque dans la constitution de leurs cités et dans le gouvernement de leurs affaires publiques l'habileté des anciens Romains ». Jusqu'au XIIIe siècle en Italie, on continue à parler latin ; saint Antoine de Padoue prêche en latin ; le peuple, qui jargonne l'italien naissant, entend toujours la langue littéraire. La croûte germanique étendue sur la nation est mince ou se trouve percée de bonne heure par la renaissance de la civilisation latine. L'Italie ne connaît que par des traductions les chansons de geste, les poëmes chevaleresques et féodaux qui pullulent dans toute l'Europe. Je vous disais tout à l'heure que l'architecture gothique y a pénétré tardivement, et d'une façon incomplète; dès le XIe siècle, quand les Italiens recommencent à bâtir, c'est avec les formes ou du moins dans l'esprit de l'architecture latine. Par les institutions, les mœurs, la langue, les arts, on y voit, dans la plus sombre et la plus âpre nuit du moyen âge, la civilisation antique se dégager ou renaître sur ce sol où les Barbares ont passé et fondu comme une neige d'hiver.

C'est pourquoi si vous comparez, au XVe siècle, l'Italie aux autres nations de l'Europe, vous la trouverez bien plus savante, bien plus riche, bien plus polie, bien plus capable d'embellir sa vie, c'est-à-dire de goûter et de produire les œuvres d'art.

A ce moment l'Angleterre, au sortir de la guerre de cent ans, s'engage dans cette horrible guerre des deux Roses, où l'on s'égorgeait de sang-froid, et où, après la bataille, on tuait les enfants désarmés. Jusqu'en 1550, elle n'est qu'un pays de rustres, chasseurs, fermiers et soldats. On comptait en tout deux ou trois cheminées dans une ville de l'intérieur du royaume; les maisons des gentilshommes de campagne étaient des chaumières couvertes de paille, recrépies de la plus grossière glaise et éclairées seulement par des treillages. Dans les classes moyennes, on couchait sur des grabats de paille « avec une bonne bûche ronde pour traversin ». « Les oreillers ne semblaient faits que pour les femmes en couches », et la vaisselle n'était pas même d'étain, mais de bois. — En Allemagne, on voit se déchaîner la guerre atroce et inexpiable des Hussites; l'empereur est sans autorité; les nobles sont ignorants et insolents;

jusque sous Maximilien, règne le droit du *poing*, c'est-à-dire l'appel à la force et l'habitude de se faire justice à soi-même; on peut voir dans les propos de table de Luther et dans les mémoires de Hans de Schweinichen jusqu'où les gentilshommes et les lettrés poussaient alors l'ivrognerie et la grossièreté. — Pour la France, elle est dans la plus désastreuse période de son histoire : le pays est conquis, dévasté par les Anglais; sous Charles VII, les loups entraient dans les faubourgs de Paris; quand les Anglais sont chassés, les *écorcheurs*, capitaines d'aventure, vivent sur le paysan, le rançonnent et le pillent à plaisir ; un de ces seigneurs brigands et assassins, Gilles de Retz, a donné naissance à la légende de Barbe-Bleue. Jusqu'à la fin du siècle, l'élite de la nation, les nobles demeurent rustiques et sauvages. Les ambassadeurs vénitiens disent que les seigneurs français ont les jambes tout arquées et torses, parce qu'ils passent leur vie à cheval. Rabelais vous montrera, au milieu du XVIe siècle,

2.

la grossièreté fangeuse et la bestialité persistante des mœurs gothiques. Le comte Baldassare-Castiglione écrivait vers 1525 : « Les Français » ne connaissent d'autre mérite que celui des » armes et ne font nul cas du reste, de telle fa- » çon que non-seulement ils n'estiment pas les » lettres, mais encore ils les abhorrent et tiennent » tous les lettrés pour les plus vils des hommes, » et il leur semble que c'est dire une grande » injure à un homme, quel qu'il soit, que de l'ap- » peler *clerc.* »

En somme, dans toute l'Europe, le régime est encore féodal, et les hommes, comme des animaux farouches et forts, ne songent guère qu'à boire, manger, se battre et remuer leurs membres. Au contraire, l'Italie est un pays presque moderne. Avec la suprématie des Médicis, la paix s'est établie à Florence; des bourgeois règnent et règnent tranquillement; comme les Médicis leurs chefs, ils fabriquent, commercent, font la banque et gagnent de l'argent pour le dépenser en gens d'esprit. Les soucis de la guerre ne les étreignent plus comme autrefois d'une prise âpre et tragique. Ils la font par les mains payées des condottières, et ceux-ci, commerçants avisés, la réduisent à des « cavalcades »; quand ils se tuent, c'est par mégarde; on cite des batailles où il reste trois soldats, parfois un sur le carreau. La diplomatie remplace la force. « Les souverains italiens, dit Machiavel, croient que le mérite d'un prince est de savoir apprécier dans les écrits une réplique piquante, rédiger une belle lettre, montrer dans ses paroles de la vivacité et de la finesse, tisser une fraude, s'orner de pierres précieuses et d'or, dormir et manger avec une plus grande splendeur que les autres et réunir autour de soi toutes sortes de voluptés. » Ils deviennent connaisseurs, lettrés, amateurs de conversations doctes. Pour la première fois, depuis la chute de la civilisation ancienne, on voit une société qui donne la première place aux jouissances de l'esprit. Les hommes marquants de cet âge sont les humanistes, restaurateurs passionnés des belles-lettres grecques et latines, Poggio, Filelfo, Marcile Ficin, Pic de la Mirandole, Calchondyle, Ermolao Barbaro, Laurent Valla, Politicien. Ils fouillent les bibliothèques de l'Europe pour découvrir et publier les manuscrits ; non-seulement ils les déchiffrent et les étudient, mais ils s'en inspirent, ils se font anciens d'esprit et de cœur, ils écrivent en latin presque aussi purement que les contemporains de Cicéron et de Virgile. Le style devient tout d'un coup exquis, et l'esprit tout d'un coup adulte. Quand des pénibles hexamètres et des épîtres lourdement prétentieuses de Pétrarque, on passe aux élégants distiques de Politicien ou à la prose éloquente de Valla, on se sent pénétré d'un plaisir presque physique. Les doigts et l'oreille scandent involontairement la marche aisée des dactyles poétiques et l'ample déroulement des périodes oratoires. Le langage est devenu noble en même temps qu'il est devenu clair, et l'érudition, passant des cloîtres aux palais, cesse d'être une machine d'ergotage pour se changer en un instrument de plaisir.

En effet ces savants ne forment pas une petite classe inconnue, enfermée dans les bibliothèques, éloignée de la faveur publique. Loin de là : le titre d'humaniste est suffisant, à cette époque, pour appeler sur un homme l'attention et les bienfaits des princes. Le duc Ludovic Sforza à Milan appelle dans son Université Mérula et Démétrius Calchondyle, et choisit pour ministre le savant Cecco Simoneta. Léonard Arétin, Poggio, Machiavel, sont tour à tour secrétaires de la république florentine. Antonio Beccadelli est secrétaire du roi de Naples. Un pape, Nicolas V, est le plus grand protecteur des lettrés italiens. Un d'eux envoie un manuscrit ancien au roi de Naples, et ce roi le remercie du cadeau comme d'une grande faveur. Cosme de Médicis a fondé une Académie philosophique, et Laurent renouvelle les banquets platoniciens. Landino son ami compose des dialogues dont les personnages, retirés pour prendre le frais au couvent des Camaldules, disputent pendant plusieurs journées pour savoir laquelle des deux vies est supérieure, l'active ou la contemplative. Pierre, fils de Laurent, institue une discussion sur la véritable amitié dans Santa-Maria del Fiore et propose en prix au vainqueur une couronne d'argent. On voit les princes du commerce et de l'État rassembler autour d'eux les philosophes, les artistes, les savants, ici Pic de la Mirandole, Marsile Ficin, Politicien, là Léonard de Vinci, Mérula, Pomponius Lœtus, pour converser avec eux dans une salle ornée de bustes précieux, devant les manuscrits retrouvés de la sagesse rustique, en langage choisi et orné, sans étiquette, ni souci du rang, avec cette curiosité conciliante et généreuse, qui, élargissant et parant la science, transforme l'enclos des querelles scolastiques en une fête des esprits pensants.

Rien d'étonnant si la langue vulgaire, presque abandonnée depuis Pétrarque, fournit à son tour une littérature nouvelle. Laurent de Médicis, le principal banquier et le premier magistrat de la ville, est le premier des nouveaux poëtes italiens. A côté de lui Pulci, Boiardo, Berni, un peu plus tard Bembo, Machiavel, l'Arioste, sont les modèles définitifs du style accompli, de la poésie grave, de la fantaisie bouffonne, de la gaieté fine, de la satire mordante et de la réflexion profonde. Au-dessous d'eux une quantité de conteurs, de railleurs et de viveurs, Molza, Bibiena, puis l'Arétin, Franco, Bandello, gagnent la faveur des princes et l'admiration publique par leurs gaillardises, leurs inventions et leurs pointes. Le sonnet est un instrument de louange ou de satire qui court dans toutes les mains. Les artistes en font échange; Cellini conte que lorsque parut son *Persée*, il y en eut vingt affichés le premier jour. Il n'y avait point alors de fête complète ni de bon repas sans poésie; un jour le pape Léon X donna 500 ducats à un poëte, Tebaldeo, pour une épigramme qui lui avait plu. A Rome, un autre poëte, Bernardo Accolti, fut si admiré que, lorsqu'il faisait une lecture publique, on fermait les boutiques pour venir l'entendre ; il lisait dans une grande salle, à la lueur des torches ; les prélats assistaient, entourés de la garde suisse ; on l'appelait l'*unique*. Ses vers trop ingénieux étincelaient de *concetti* raffinés et ces agréments littéraires, semblables aux fioritures dont les chanteurs italiens brodent leurs airs les plus tragiques, étaient si bien compris que les applaudissements éclataient de toutes parts.

Voilà donc une culture d'esprit délicate et générale, nouvelle en Italie, et qui apparaît en Italie en même temps que l'art nouveau. Je voudrais vous la faire toucher de plus près, non plus par des phrases générales, mais par un tableau complet ; un cas circonstancié peut seul rendre les idées précises. Il y a un livre du temps qui fait le portrait du seigneur et de la dame accomplis, c'est-à-dire des deux personnages que les contemporains pouvaient se proposer pour modèles ; autour de ces figures idéales tournent à diverses distances les figures réelles ; c'est un salon que vous avez sous les yeux, un salon de l'an 1500, avec ses hôtes, ses conversations, sa décoration, ses danses, sa musique, ses bons mots, ses discussions, à la vérité plus décent, plus chevaleresque et plus spiritualiste que ceux de Rome, de Florence, mais pourtant peint avec vérité, excellent pour montrer dans des attitudes ennoblies le plus pur et le plus noble groupe des personnages cultivés et supérieurs. Il suffit pour le voir de feuilleter *Il Cortegiano*, du comte Balthazar de Castiglione.

Le comte Castiglione avait été au service de Guido d'Ubaldo, duc d'Urbin, puis de son successeur Francesco-Maria Della Rovere, et il écrivit ce livre en souvenir des entretiens qu'il avait entendus chez son premier seigneur. Comme le duc Guido était infirme et perclus de rhumatismes, chaque soir, la petite cour se réunissait chez sa femme, la duchesse Élizabeth, une personne de grande vertu et de grand esprit. Autour d'elle et de sa principale amie, madame Emilia Pia, se groupaient toutes sortes d'hommes distingués venus de toutes les parties de l'Italie : Castiglione lui-même, Bernardo Accolti d'Arezzo, célèbre poëte, Bembo, qui devint plus tard secrétaire du pape et cardinal, le seigneur Ottaviano Fregoso, Julien de Médicis, et bien d'autres; le pape Jules II s'y arrêta quelque temps dans un voyage. Le lieu et les circonstances de l'entretien étaient dignes de pareils personnages. Ils s'assemblaient dans un magnifique palais bâti par le père du duc, et qui, « au dire de plusieurs », était le plus beau de l'Italie. Les appartements étaient splendidement décorés de vases d'argent, de tentures d'or et de soie, de statues et de bustes antiques en marbre et en bronze, de peintures de Pietro della Francesca et de Giovanni Santi, père de Raphaël. On y voyait une quantité de livres latins, grecs, hébreux, recueillis dans toute l'Europe, et couverts par respect pour leur contenu, d'ornements d'or et d'argent. La cour était une des plus galantes de l'Italie. Ce n'étaient que fêtes, danses, joutes, tournois et conversations. « Les doux entretiens et les honnêtes gaietés de cette maison, dit Castiglione, faisaient d'elle la vraie demeure de l'allégresse.» Ordinairement, quand on avait soupé et dansé, on jouait des sortes de charades ; à ces divertissements succédaient des entretiens plus intimes, à la fois graves et gais, auxquels la duchesse prenait part. Point de cérémonial ; on prenait des siéges à sa guise ; chacun se plaçait à côté d'une dame, et l'entretien n'avait rien de réglé ni de contraint ; l'invention et l'originalité pouvaient se donner carrière. Un soir, à la requête d'une dame, Bernardo Accolti improvise un joli sonnet en l'honneur de la duchesse ; puis la duchesse ordonne à madame Margarita et à madame Costanza Fregoza de danser ; les deux dames se prennent la main, et, le musicien favori Barletta ayant accordé ses instruments, elles dansent au son de la musique, d'abord un pas grave, ensuite un pas plus vif. Vers la fin de la quatrième journée, comme on s'était oublié toute la nuit en de beaux entretiens, on s'aperçut que le jour allait paraître :

« On ouvrit les fenêtres de ce côté du palais » qui regarde la haute cime du mont Catari ; et ils » virent que déjà du côté de l'orient naissait une » belle aurore de la couleur des roses. Toutes les » étoiles avaient disparu, sauf la douce messa- » gère de Vénus, qui occupe la frontière du jour » et de la nuit ; d'elle semblait venir un air suave, » qui de sa fraîcheur poignante emplissait le ciel, » et qui, parmi les forêts murmurantes des co- » teaux voisins, commençait à réveiller les doux » concerts des aimables oiseaux. »

Vous pouvez déjà, sur ce morceau, juger combien le style est agréable, élégant, fleuri même ; Bembo, un des interlocuteurs, est le plus châtié, le plus cicéronien, le plus nombreux des prosateurs italiens. Le ton des entretiens est pareil. Il y a des politesses multipliées, des compliments aux dames sur leur beauté, sur leur grâce, leur vertu, des compliments aux seigneurs sur leur bravoure, leur esprit, leur savoir. Tous se respectent et veulent se complaire les uns aux autres, ce qui est la grande loi du savoir-vivre et le charme le plus délicat de la bonne compagnie. Mais la politesse n'exclut point la gaieté. Comme assaisonnement, on rencontre quelquefois de petites piques, des escarmouches de société, et outre cela, des bons mots, des plaisanteries, des anecdotes, de petites histoires vives et gaies. Comme on essayait d'expliquer quelle est la vraie galanterie, une dame conte, en manière de repoussoir, que dernièrement un seigneur à l'antique mode, homme de guerre et rouillé par la vie rustique, lui ayant rendu visite, lui énuméra combien il avait tué d'ennemis : puis, poussant la démonstration jusqu'au geste, lui voulut expliquer comment on se servait de l'épée pour les coups d'estoc et de taille. Elle avoue en souriant qu'elle était inquiète, et regardait la porte, se demandant à chaque instant s'il ne voulait pas la tuer. Quantité de traits semblables relèvent à chaque instant la gravité du dialogue. Mais le sérieux n'en subsiste pas moins. On voit que les cavaliers sont au courant de la littérature grecque et latine, qu'ils connaissent l'histoire, qu'ils sont versés dans la philosophie, même dans la philosophie des écoles. Les dames interviennent, grondent un peu et avertissent de revenir à des choses plus humaines; elles n'aiment trop à voir apparaître dans l'entretien Aristote, Platon et leurs commentateurs rébarbatifs, les théories du chaud et du froid, de la forme et de la substance. Tout de suite les causeurs reviennent au beau courant de la conversation mondaine, et se font pardonner leur érudition et leur métaphysique par des discours agréables et galants. D'ailleurs, si ardue que soit la matière et si vive que soit la dispute, ils gardent toujours le style élégant et parfait. Ils sont scrupuleux sur le choix des mots, ils raisonnent sur la propriété des expressions, ils sont puristes, comme les beaux diseurs de l'hôtel de Rambouillet, contemporains de Vaugelas et fondateurs de notre littérature classique. Mais leur tour d'esprit est plus poétique, comme leur langue est plus musicale. Par ses riches cadences et ses terminaisons sonores, l'italien donne la beauté et l'harmonie aux choses les plus ordinaires, et encadre d'une décoration noble et voluptueuse les objets qui par eux-mêmes sont déjà beaux. Il s'agit de peindre les funestes effets de la vieillesse : le style comme le ciel italien, verse une lumière dorée jusque sur les ruines, et change un spectacle lugubre en un noble tableau :

« En ce temps-là se fanent et tombent dans » notre cœur les douces fleurs de la joie, comme » en automne les feuilles des arbres. Au lieu des » pensées sereines et limpides arrive, comme un » nuage trouble, la tristesse, accompagnée de

» mille calamités, de sorte que non-seulement » le corps, mais encore l'esprit est malade et ne » garde de tous ses plaisirs passés qu'un souvenir » tenace et l'image de ce bien-aimé temps, de cet » âge tendre dans lequel, quand nous y revenons » par la pensée, il nous semble que le ciel et la » terre et toute chose nous fassent fête et rient » autour de nos yeux, et qu'en notre âme, comme » en un beau et délicieux jardin, fleurisse le » doux printemps de l'allégresse. C'est pourquoi, » lorsque dans la froide saison le soleil de nos » jours s'incline vers le couchant et nous prive de » nos plaisirs, il serait peut-être à propos de » perdre avec eux leur mémoire, et de trouver » un art qui nous enseigne l'oubli. »

Le sujet de l'entretien ne dépare point l'entretien lui-même. Chacun, à la requête de la duchesse, entreprend d'expliquer quelques-unes des qualités qui font le cavalier parfait et la dame accomplie ; on cherche le genre d'éducation qui peut le mieux former l'âme et le corps, non-seulement pour les emplois de la société civile, mais encore pour les agréments de la vie mondaine. Considérez tout ce qu'on demandait alors à l'homme bien élevé, quelle finesse, quel tact, quelle variété de connaissances. Nous nous croyons bien civilisés, et néanmoins, après trois cents ans d'éducation et de culture, nous pourrions encore trouver là des exemples et des leçons.

« Je veux que notre homme de cour soit plus
» que médiocrement instruit dans les lettres, au
» moins dans celles qu'on appelle belles-lettres;
» et qu'il sache, non-seulement la langue latine,
» mais encore la grecque, à cause de la multi-
» tude et la variété des divins écrits qui sont en
» cette langue...; qu'il soit versé dans les poëtes,
» et pareillement dans les orateurs et historiens,
» et de plus exercé à écrire en vers et en prose,
» principalement dans notre langue vulgaire;
» car, outre le contentement qu'il y trouvera lui-
» même, il ne manquera jamais de propos

» agréables avec les dames, lesquelles ordinai- » rement aiment ces sortes de choses.

» Je ne serais pas content de notre cavalier, » s'il n'était encore musicien, et si, outre l'intelli- » gence et l'habitude de lire sa partie sur le livre, » il ne savait jouer de divers instruments... Car, » outre la diversion et l'apaisement des soucis que » la musique donne à chacun, elle sert souvent à » contenter les dames, dont les cœurs tendres et » délicats sont aisément pénétrés par l'harmonie » et remplis de douceurs. » Il ne s'agit point d'être un virtuose et de faire parade d'un talent spécial. Les talents ne sont faits que pour le monde ; on ne doit point les acquérir par pédanterie, mais pour être aimable ; on ne doit point les exercer pour obtenir l'admiration des autres, mais pour leur donner du plaisir. C'est pourquoi on ne doit être étranger à aucun des arts agréables.

« Il y a encore une chose que j'estime de » grande importance ; aussi notre cavalier ne » doit-il nullement la laisser en arrière, c'est

» le talent de dessiner et la connaissance de la » peinture. » Elle est un des ornements de la vie supérieure et polie, et à ce titre l'esprit cultivé doit s'y attacher, comme il s'attache à toute élégance. Mais en cela comme dans le reste, il ne faut point d'excès. Le talent véritable, l'art auquel se subordonnent tous les autres, c'est le tact, « une certaine prudence, un jugement, un » choix judicieux, la connaissance du plus, du » moins, de ce qui croît ou diminue dans les » choses, et fait qu'on les accomplit avec oppor- » tunité ou hors de saison. Par exemple, quand » même notre cavalier saurait que les louanges » qu'on lui donne sont véritables, il ne faut pas » qu'il en demeure d'accord ouvertement..., mais » plutôt que modestement il les repousse, mon- » trant toujours et prenant effectivement pour sa » principale profession le métier des armes, et » n'acceptant les autres talents que comme orne- » ments de celui-là. Quand il danse en présence de » beaucoup de personnes et dans un lieu plein de

» gens, il me semble qu'il doit garder une certaine » dignité, tempérée néanmoins par une douceur » aisée et gracieuse des mouvements. S'il en » vient à faire de la musique, que ce soit pour » passer le temps et comme contraint....., et » quoiqu'il sache ce qu'il fait et y soit maître, » je veux qu'il dissimule l'étude et la fatigue qui » sont nécessaires en toute chose pour la savoir » bien; qu'il fasse semblant de ne pas lui-même » attacher grande importance à cette sorte de » chose, tout en la faisant très-bien, et de façon à » ce que les autres en prennent grande estime. » Il ne faut pas qu'il se pique d'une habileté qui ne convient qu'aux gens du métier. Il doit se faire respecter d'autrui et se respecter lui-même, partant ne pas s'abandonner, mais au contraire se contenir, être maître de soi. Son visage doit être calme comme celui d'un Espagnol. Qu'il soit propre et soigné dans ses habits, que son goût en cela soit viril et non féminin, qu'il préfère la couleur noire, comme signe d'un caractère plus grave et plus posé. Pareillement, il ne doit point se laisser emporter par la gaieté ou la verve, par la colère ou l'égoïsme. Qu'il évite les grossièretés, les paroles crues, les mots qui peuvent faire rougir les dames. Qu'il soit poli, plein de condescendance et d'urbanité pour autrui. Qu'il sache dire des mots plaisants et conter des histoires gaies, mais avec décence. La meilleure règle qu'on puisse lui donner, c'est de gouverner ses actions en vue de plaire à la dame accomplie. Par cette transition ingénieuse, le portrait du cavalier aboutit au portrait de la dame, et les fines touches qui ont servi à la première peinture deviennent encore plus délicates dans le second tableau.

« Comme il n'y a point de cour au monde, » si grande qu'elle soit, qui puisse avoir ornement, » splendeur ou gaieté sans les femmes, et comme » il n'y a point de cavalier qui puisse avoir de la » grâce, de l'agrément ou de la hardiesse, ni faire » œuvre brillante et de cavalier sans la fréquenta-

» tion, l'amour et la faveur des dames, notre por-
» trait du cavalier resterait très-imparfait, si les
» dames n'y intervenaient pour lui donner une
» partie de cette grâce par laquelle elles ornent
» et rendent parfaite la vie de cour.

» Je dis que la dame qui vit à la cour doit,
» avant toute chose, avoir une certaine affabilité
» aimable, par laquelle elle sache gracieusement
» entretenir toutes sortes de personnes de propos
» agréables, honnêtes, accommodés au temps,
» aux lieux et à la qualité de la personne à qui
» elle parle. Elle doit avoir un déportement tran-
» quille et modeste, une honnêteté qui doit tou-
» jours mesurer toutes ses actions, mais en outre
» une certaine vivacité d'esprit par laquelle elle
» se montre éloignée de toute lourdeur ; et néan-
» moins elle doit y joindre une certaine façon de
» bonté qui la fasse estimer non moins prudente,
» pudique et douce qu'aimable, judicieuse et fine.
» C'est pourquoi elle doit se tenir dans un certain
» milieu difficile, qui est comme composé de

» choses contraires, et aller jusqu'à certaines li-
» mites, mais sans les outre-passer.

» Cette dame ne doit donc pas, pour acquérir
» le renom d'honnête et de vertueuse, être telle-
» ment prude, et montrer tant d'horreur pour les
» compagnies et les propos même un peu lestes,
» qu'elle s'en retire lorsqu'elle s'y trouve, parce
» qu'on pourrait penser aisément qu'elle fait sem-
» blant d'être si austère pour cacher quelque
» chose d'elle-même qu'autrui pourrait savoir;
» d'ailleurs, les façons sauvages sont toujours
» odieuses. — Aussi peu doit-elle, pour se mon-
» trer libre et aimable, dire des paroles déshon-
» nêtes, et user d'une certaine familiarité immo-
» dérée et déréglée, de façon à faire croire d'elle
» ce qui peut-être n'est pas. — Mais quand il se
» trouve qu'elle assiste à des propos comme ceux
» qu'on a dits, elle doit le faire avec un peu de
» rougeur et de honte. » Si elle a de l'adresse, elle pourra détourner la conversation vers des sujets plus décents et plus nobles. Car son édu-

cation ne demeure pas beaucoup au-dessous de celle de l'homme. Elles doit aussi savoir les lettres, la musique, la peinture, bien danser, causer agréablement. — Les dames qui assistent à l'entretien joignent l'exemple au précepte ; leur bon goût et leur esprit y brillent avec mesure ; elles applaudissent à l'enthousiasme de Bembo, à ses nobles théories platoniciennes sur l'amour universel et pur. Vous trouverez alors en Italie des femmes qui, comme Vittoria Colonna, Veronica Gambara, Costanza d'Amalfi, Tullia d'Aragona, la duchesse de Ferrare, joignent des talents supérieurs à une instruction supérieure. Si maintenant vous vous rappelez les portraits du temps qui sont au Louvre, les pâles et pensifs Vénitiens vêtus de noir, le *Jeune homme* de Francia, si ardent et si immobile ; la délicate *Jeanne de Naples*, au col de cygne ; le *Jeune homme à la statuette* de Bronzino, tous ces visages intelligents et calmes, tous ces costumes riches et sévères, peut-être pourrez-vous vous faire une idée de la finesse exquise, des riches facultés, de la parfaite culture de cette société qui, trois siècles avant la nôtre, remuait les idées, goûtait l'élégance, pratiquait l'urbanité autant et peut-être mieux que nous.

IV

Ceci nous conduit à démêler un autre trait de cette civilisation et une autre condition de la grande peinture. A d'autres époques, la culture des esprits a été aussi fine, sans que la peinture ait eu pareil éclat. De notre temps, par exemple, les hommes, ayant accumulé, par-dessus les connaissances du XVIe siècle, trois cents ans d'expériences et de découvertes, sont plus savants et mieux pourvus d'idées que jamais ; cependant on ne peut pas dire que les arts du dessin dans l'Europe contemporaine produisent d'aussi belles œuvres qu'en Italie au temps de la Renaissance. Il ne suffit donc pas, pour expliquer les grandes œuvres de l'an 1500, de remarquer la vive intelligence et la culture complète des contemporains de Raphaël ; il faut définir cette espèce d'intelligence et de culture, et après avoir comparé l'Italie à l'Europe du xve siècle, la comparer à cette Europe où nous vivons aujourd'hui.

Entrons d'abord dans le pays qui certainement est de nos jours le plus savant de l'Europe, l'Allemagne. Là, surtout dans l'Allemagne du Nord, tout le monde sait lire ; de plus, les jeunes gens passent aux universités cinq ou six ans, non-seulement les jeunes gens riches ou aisés, mais presque tous les hommes de la classe moyenne, et quelques-uns de la classe inférieure, au prix de longues misères et de grandes privations. La science est là-bas en si grand honneur, qu'elle produit parfois l'affectation et souvent la pédanterie. Beaucoup de jeunes gens, quoique ayant de très-bons yeux, portent des lunettes, afin de se donner un air plus savant. Ce qui domine dans une tête allemande de vingt ans, ce n'est pas le désir de faire figure au cercle ou au café, comme cela se voit en France, c'est la volonté d'acquérir des vues d'ensemble sur l'humanité, le monde, le surnaturel, la nature et sur beaucoup d'autres choses encore; bref, d'avoir une philosophie complète. Il n'y a pas de pays où l'on rencontre un si grand goût, une si habituelle préoccupation, une si naturelle intelligence des hautes théories abstraites. C'est la patrie de la métaphysique et des systèmes. Mais cette surabondance des méditations supérieures a nui aux arts du dessin. Les peintres allemands s'efforcent d'exprimer sur leurs toiles ou dans leurs fresques des idées humanitaires ou religieuses.

Ils subordonnent à la pensée la couleur et la forme; leur œuvre est symbolique; ils peignent un cours de philosophie et d'histoire sur les murs, et si vous allez à Munich, vous verrez que les plus grands sont des philosophes égarés dans la peinture, plus capables de parler à la raison qu'aux yeux, et dont l'instrument devrait être une plume, non un pinceau.

Passons en Angleterre. Là, un homme de la classe moyenne entre très-jeune dans un magasin ou dans un bureau; il y travaille dix heures de la journée, travaille encore chez lui, et tend toutes les forces de son esprit et de son corps pour gagner assez d'argent. Il se marie et a beaucoup d'enfants; il travaille encore davantage; la concurrence est âpre, le climat est dur, et les besoins sont grands. Un gentleman, un riche, un noble, n'a pas de loisirs beaucoup plus larges. Il est affairé et astreint à des devoirs graves. La politique absorbe l'attention de tout le monde. Des *meetings*, des comités, des clubs, des journaux comme le *Times*, qui tous les matins vous apporte un volume tout entier à lire, des chiffres, des statistiques, une lourde masse de faits indigestes à dévorer et à digérer, pardessus tout cela de grosses affaires religieuses, des fondations, des entreprises, la préoccupation incessante d'améliorer la chose publique et privée, des questions d'argent, de prépondérance, de conscience, des raisonnements utilitaires ou moraux, voilà la pâture de l'esprit. Partant, la peinture et les autres arts qui s'adressent aux sens sont relégués ou tombent d'eux-mêmes à une place inférieure. On n'a pas le temps de s'en occuper; on pense à des affaires plus graves et plus pressantes; on s'y attache par mode et convenance; ils sont une simple curiosité; ils fournissent une étude intéressante à quelques amateurs. On pourra bien trouver quelques protecteurs qui donneront de l'argent pour fonder des musées, acheter des dessins originaux, établir des écoles, comme ils auraient fait pour toute autre chose, pour la propagation de l'Évangile, pour l'entretien des enfants trouvés, pour la guérison des épileptiques. Encore ces protecteurs songeront à l'intérêt public et social ; ils croient que la musique adoucit le peuple et diminue l'ivrognerie du dimanche, que les arts du dessin préparent de bons ouvriers pour les étoffes et les bijoux de luxe. Le goût manque ; le sentiment des belles formes et des belles couleurs n'est ici qu'un fruit d'éducation, une orange exotique péniblement cultivée en serre chaude, à grands frais, le plus souvent acide ou rance. Les peintres contemporains du pays sont des ouvriers d'un talent exact et étroit ; ils feront une botte de foin, un pli de vêtement, une bruyère avec une sécheresse et une minutie blessantes ; l'effort prolongé, la tension continue de toute la machine physique et morale a dérangé chez eux l'équilibre des sensations et des images ; ils sont devenus insensibles à l'harmonie des couleurs, ils versent sur leur toile des pots de vert perroquet, font des arbres en zinc ou en tôle, peignent les corps avec du rouge sang de bœuf; sauf dans l'étude des physionomies et dans la science du caractère moral, leur peinture est choquante, et leurs expositions nationales présentent aux étrangers un assemblage de couleurs aussi aigre, aussi discordant, aussi violent qu'un charivari.

On répondra que ces gens-là sont des Allemands et des Anglais, sérieux, protestants, hommes d'érudition ou d'affaires, et qu'à Paris du moins, on a du goût et l'on cherche le plaisir. Il est vrai que Paris en ce moment est la ville du monde où l'on aime le plus à causer, à lire, à juger les arts, à démêler les nuances du beau, et dans laquelle les étrangers trouvent la vie la plus agréable, la plus diversifiée, la plus gaie. Et cependant la peinture française, quoiqu'elle surpasse celle des pays étrangers, n'égale pas, de l'aveu des Français eux-mêmes, la peinture italienne de la Renaissance. En tout cas, elle est différente; ses œuvres indiquent un autre esprit et s'adressent à d'autres esprits. Elle est bien plus poétique, historique ou dramatique que pittoresque. Inférieure dans le sentiment du beau corps nu et de la belle vie simple, elle s'est travaillée en tous sens pour représenter les vraies scènes et le costume exact des pays lointains et des temps passés, les émotions tragiques de l'âme, les aspects saisissants du paysage. Elle est devenue la rivale de la littérature ; elle a exploité et fouillé le même champ; elle a fait le même appel à la curiosité insatiable, à l'esprit archéologique, au besoin d'émotions fortes, à la sensibilité raffinée et maladive. Elle s'est transformée pour parler à des citadins, lassés par le travail, emprisonnés dans la vie sédentaire, comblés d'idées composites, avides de nouveautés, de documents, de sensations et aussi du calme des champs. Entre le XVe et le XIXe siècle un changement énorme s'est accompli ; l'ameublement et le remue-ménage intérieurs de la tête humaine se sont compliqués outre mesure. A Paris et en France, il y a trop d'effort pour deux raisons. D'abord la vie est devenue coûteuse. Une foule de petites commodités sont maintenant indispensables. Il faut des tapis, des rideaux, des fauteuils, même à un homme sobre et qui vit seul ; s'il se marie, il lui faut en outre des étagères couvertes de brimborions, une jolie installation dispendieuse, un appareil infini de menues choses qui, devant être acquises avec de l'argent et ne pouvant être volées sur les grands chemins, ou acquises par des confiscations comme au XVe siècle, doivent être péniblement gagnées par le travail. La plus grande partie de la vie se dépense donc en efforts laborieux. En outre, on veut parvenir ; comme nous formons une grande démocratie où les places sont données au concours, obtenues par la persévérance, conquises par l'habileté, chacun de nous espère vaguement devenir ministre ou millionnaire, et cette rivalité nous entraîne à doubler nos occupations, nos préoccupations et nos tracas.

D'autre part, nous sommes ici seize cent mille ; c'est beaucoup, et c'est trop. Paris étant la ville où il y a le plus de chances de parvenir, tous ceux qui ont de l'esprit, de l'ambition, de l'énergie, y accourent et s'y coudoient. La capitale du pays devient ainsi le rendez-vous universel de tous les hommes supérieurs et spéciaux; ils mettent en commun leurs inventions et leurs recherches; ils s'aiguillonnent les uns les autres; par les lectures, le théâtre, les conversations de toute espèce, ils contractent une sorte de fièvre. La cervelle, à Paris, n'est pas dans un état régulier et sain; elle est surchauffée, surmenée, surexcitée, et ses œuvres, peinture ou littérature, s'en ressentent, parfois à leur avantage, plus souvent à leur détriment.

Il n'en était pas ainsi en Italie. On n'y voyait pas un million d'hommes en tas dans un enclos, mais une quantité de cités de cinquante, cent ou deux cent mille âmes; on n'y trouvait pas cette presse d'ambitieux, cette fermentation de curiosités, cette concentration de l'effort, cette exagération de l'activité humaine. Une cité était une élite, et non, comme chez nous, une multitude. En outre, le besoin du confortable était médiocre; les corps étaient encore rudes; on voyageait à cheval et l'on vivait fort bien en plein air. Les grands palais de cette époque sont magnifiques, mais je ne sais si un petit bourgeois moderne voudrait les habiter; ils sont incommodes, on y a froid; les siéges sculptés de têtes de lion et de satyres dansants sont des chefs-d'œuvre d'art, mais vous les trouveriez fort durs, et le moindre appartement, la loge d'un concierge de bonne maison, munie de son calorifère, est plus confortable que le palais de Léon X et de Jules II. Ils n'avaient pas besoin de toutes les petites aisances dont nous ne savons nous passer aujourd'hui; ils mettaient leur luxe dans la possession du beau, non du bien-être ; ils songeaient à un noble agencement de colonnes et de figures, non à une acquisition économique de chinoiseries, de divans et d'écrans. Enfin, les rangs étant fermés et ne s'ouvrant que par la fortune militaire ou par la faveur du prince, pour quelques illustres brigands, pour cinq ou six assassins supérieurs, pour quelques parasites agréables, on ne voyait pas dans la société cette âpre concurrence, cette agitation de fourmilière, cet acharnement incessant et prolongé par lequel chacun de nous veut dépasser autrui.

Tout cela revient à dire que l'esprit humain était alors mieux équilibré que dans cette Europe et ce Paris où nous vivons. Du moins, il était mieux équilibré pour la peinture. Les arts du dessin demandent pour fleurir un sol qui ne soit pas en friche, mais qui ne soit point trop cultivé. Il était massif et dur dans l'Europe féodale ; aujourd'hui il est émietté ; auparavant la civilisation n'y avait pas assez promené sa charrue ;

aujourd'hui elle y a multiplié à l'excès et à l'infini ses sillons. Pour que les grandes formes simples arrivent à se fixer sur la toile par la main d'un Titien et d'un Raphaël, il faut qu'elles se produisent naturellement autour d'eux dans l'esprit des hommes ; et pour qu'elles se produisent naturellement dans l'esprit des hommes, il faut que les *images* n'y soient point étouffées, ni mutilées par les *idées*.

Laissez-moi m'arrêter un instant sur ce mot, car il est capital. Le propre de l'extrême culture est d'effacer de plus en plus les images au profit des idées. Sous l'effort incessant de l'éducation, de la conversation, de la réflexion et de la science, la vision primitive se déforme, se décompose et s'évanouit pour faire place à des idées nues, à des mots bien classés, à une sorte d'algèbre. Le train courant de l'esprit est désormais le raisonnement pur. S'il revient aux images, c'est avec effort, par un soubresaut maladif et violent, par une espèce d'hallucination désordonnée et dangereuse. Tel est aujourd'hui notre état d'esprit. Ce n'est plus naturellement que nous sommes peintres. Notre cerveau s'est rempli d'idées mélangées, nuancées, multipliées, entrecroisées; toutes les civilisations, celle de notre pays, celles de l'étranger, celles du passé, celles du présent, y ont versé leur inondation et leurs détritus. Prononcez, par exemple, le mot *arbre* devant un moderne; il saura qu'il ne s'agit ni d'un chien, ni d'un mouton, ni d'un meuble; il logera ce signe en sa tête, dans une case étiquetée et distincte; c'est là ce qu'aujourd'hui nous appelons comprendre. Nos lectures et notre savoir ont peuplé notre esprit de signes abstraits; nos habitudes d'ordonnance nous conduisent régulièrement et logiquement de l'un à l'autre. Nous ne faisons qu'entrevoir par fragments les formes colorées; elles ne persistent pas en nous; elles s'ébauchent vaguement sur la toile intérieure, elles s'enfuient aussitôt. Si nous parvenons à les retenir et à les préciser, c'est par la volonté, après un long exercice, après une contre-éducation qui violente notre éducation ordinaire ; ce terrible effort aboutit à la souffrance et à la fièvre ; nos plus grands coloristes, littérateurs ou peintres, sont des visionnaires surmenés ou détraqués (1). Au contraire, les artistes de la Renaissance sont des voyants. Ce même mot *arbre* entendu par des esprits encore sains et simples leur fera voir à l'instant l'arbre tout entier, avec la masse ronde et mouvante de son feuillage lumineux, avec les angles noirs que ses branches dessinent sur le bleu du ciel, avec son tronc rugueux sillonné de grosses veines, avec ses pieds enfoncés dans le sol contre le vent et l'orage, de sorte que ce qui n'est pour nous qu'une notation et un chiffre, sera

(1) Henri Heine, Victor Hugo, Schelley, Keats, Élisabeth Browning, Edgard Poe, Balzac, Delacroix, Decamps et quantité d'autres. Il y a eu de notre temps beaucoup de beaux tempérament d'artistes. Presque tous ont souffert de leur éducation et de leur milieu. Gœthe seul a gardé l'équilibre, mais il a fallu sa sagesse, sa vie réglée et son perpétuel gouvernement de lui-même.

pour eux un spectacle animé et complet. Ils y persisteront sans peine, ils y reviendront sans effort; ils en choisiront l'essentiel; ils n'insisteront pas avec une minutie douloureuse et obstinée sur le détail; ils jouiront de leurs belles images, sans les arracher et lancer au dehors convulsivement comme un lambeau palpitant de leur propre vie. Ils peignent comme un cheval court, comme un oiseau vole, spontanément; les formes colorées sont alors le langage naturel de l'esprit; quand les spectateurs les contemplent dans une fresque ou sur une toile, ils les ont déjà vues en eux-mêmes, ils les reconnaissent; elles ne sont point pour eux des étrangères ramenées artificiellement sur la scène par une combinaison d'archéologie, un effort de volonté, une convention d'école; elles leur sont si familières, qu'ils les importent dans leur vie privée et dans leurs cérémonies publiques. Ils s'en entourent, et font des tableaux vivants à côté des tableaux peints.

En effet, considérez le costume : quelle différence entre nos pantalons, nos redingotes et notre funèbre habit noir, et leurs grandes simarres chamarrées, leurs pourpoints de velours et de soie, leurs collerettes de dentelle, leurs poignards, leurs épées damasquinées d'arabesques, leurs broderies d'or, leurs diamants, leurs toques à plumes. Tout cet étalage de magnificence, qui n'est plus aujourd'hui qu'à l'usage des femmes, brillait alors sur le vêtement des gentilshommes. Remàrquez encore les fêtes pittoresques qui se donnaient dans toutes les villes, les entrées solennelles, les mascarades, les cavalcades, qui étaient le plaisir du peuple et des princes. Par exemple, Galeazzo Sforza, duc de Milan, vient visiter Florence en 1471; il est accompagné de cent hommes d'armes, de cinq cents hommes d'infanterie, de cinquante laquais à pied vêtus de soie et de velours, de deux mille gentilshommes et domestiques de suite, de cinq cents couples de chiens, et d'un nombre infini de faucons. Cette excursion lui coûte 200 000 ducats d'or. Pietro Riario, cardinal de San-Sisto, dépense 20 000 ducats en une seule fête pour la duchesse de Ferrare; il fait ensuite un voyage en Italie avec un si nombreux cortége et tant de splendeur, qu'on le prendrait pour le pape, son frère. Laurent de Médicis imagine à Florence une mascarade qui représente le triomphe de Camille. Quantité de cardinaux arrivent pour la voir. Laurent demande un éléphant au pape, qui lui envoie, à la place de l'éléphant occupé ailleurs, deux léopards et une panthère; le pape regrette que sa dignité l'empêche de venir à une si pompeuse cérémonie. La duchesse Lucrèce Borgia fait son entrée dans Rome avec deux cents dames magnifiquement habillées, toutes à cheval, et chacune accompagnée d'un gentilhomme. La prestance, les costumes, l'étalage des seigneurs et des princes, donnent partout l'idée d'une parade superbe d'acteurs sérieux. Sitôt qu'on lit les chroniques et les mémoires, on voit que les Italiens veulent faire de la vie une belle fête. Les autres soucis leur paraissent duperie. Il s'agit pour eux de jouir, jouir noblement, grandement, par l'esprit, par tous les sens, surtout par les yeux. En effet, ils n'ont pas autre chose à faire. Ils ignorent nos préoccupations politiques et humanitaires ; ils n'ont pas de parlements, de *meetings*, de grands journaux ; les hommes marquants ou puissants n'ont pas de foule raisonneuse à conduire, d'opinion publique à consulter, de discussions arides à soutenir, de statistiques à produire, de raisonnements moraux ou sociaux à échafauder. L'Italie est gouvernée par de petits tyrans qui ont pris le pouvoir par la force, et le gardent comme ils l'ont pris. Dans leurs moments libres, ils font bâtir et peindre. Les riches et les nobles songent comme eux à s'amuser, à se pourvoir de belles maîtresses, à posséder des statues, des tableaux, de beaux habits, à mettre des affidés auprès du prince, pour être avertis si quelqu'un les dénonce et veut les faire tuer.

Ce ne sont pas non plus les idées religieuses qui les tourmentent ou les occupent ; les amis de Laurent de Médicis, d'Alexandre VI ou de Ludovic le More ne songent guère à faire des missions, des entreprises pour la conversion des païens, des souscriptions pour instruire et « moraliser » le peuple ; on n'était pas fervent alors en Italie, on n'était rien moins que fervent. Luther, qui vint en Italie l'esprit rempli de scrupules et de foi, fut scandalisé et disait au retour : « Les Italiens sont les plus impies des hommes ; ils se moquent de la vraie religion, ils nous raillent nous autres chrétiens, parce que nous croyons tout dans l'Écriture... Il y a un mot qu'ils disent quand ils vont à l'église : « Allons nous conformer à l'erreur populaire. » — « Si nous étions obligés, disent-ils encore, de croire en tout la parole de Dieu, nous serions les plus misérables des hommes, et nous ne pourrions jamais avoir un moment de gaieté. Il faut prendre une mine convenable et ne pas tout croire. » — En effet, le peuple par tempérament est païen, et les gens bien élevés, par éducation, sont incrédules. « Les Italiens, dit encore Luther avec horreur, sont ou épicuriens ou superstitieux. Le peuple craint plus saint Antoine et saint Sébastien que le Christ à cause des plaies qu'ils envoient. C'est pourquoi, quand on veut empêcher les Italiens d'uriner dans un lieu, on y peint saint Antoine avec sa lance de feu. Voilà comment ils vivent dans une extrême superstition, sans connaître la parole de Dieu, ne croyant ni à la résurrection de la chair, ni à la vie éternelle, et ne craignant que les plaies temporelles. » Nombre de philosophes sont en secret ou presque ouvertement contraires à la révélation et à l'immortalité de l'âme. L'ascétisme chrétien et la doctrine des mortifications répugnent à tous. Vous trouverez dans les poëtes, chez l'Arioste, chez Ludovici le Vénitien, chez Pulci les plus vives attaques contre les moines, et les plus libres insinuations contre les dogmes. Pulci, dans un poëme bouffon, met en tête de chaque chant un *Hosanna*, un *in principio*, un texte sacré de la messe. Pour expliquer comment l'âme peut entrer dans le corps, il la compare à ces confitures qu'on enveloppe dans du pain blanc tout chaud. Que devient-elle dans l'autre monde? « Certaines gens croient y trouver des becs-figues, des ortolans tout plumés, d'excellents lits, et à cause de cela marchent sur les talons des moines. Mais, mon cher ami, une fois que nous serons descendus dans la vallée noire, nous n'entendrons plus chanter *alleluia.* »

Contre cette sensualité et cet athéisme, les moralistes et les prédicateurs de cette époque, par exemple Bruto et Savonarole, tonnent de toute leur force. Savonarole disait aux Florentins qu'il allait convertir pour trois ou quatre ans : « Votre vie est une vie de porcs, elle » se passe toute au lit, dans les commérages, » sur les promenades, dans les orgies et la dé» bauche. » Défalquons de cela ce qu'il faut toujours retrancher lorsque c'est un prédicateur ou un moraliste qui parle et qui fait la grosse voix pour être entendu ; quoi que vous ôtiez, il restera toujours quelque chose. On voit par la biographie des seigneurs de cette époque, par les amusements cyniques ou raffinés des ducs de Ferrare et de Milan, par l'épicurisme délicat ou la franche licence des Médicis à Florence, jusqu'où était poussée la recherche de tous les plaisirs. Ces Médicis étaient des banquiers qui, un peu par force et beaucoup par adresse, étaient devenus les premiers magistrats et les vrais souverains de la cité. Ils entretenaient autour d'eux des poëtes, des peintres, des sculpteurs, des savants; ils faisaient représenter dans leur palais des chasses et des amours mythologiques ; en fait de peintures, ils aimaient les nudités de Dello et de Pollaiolo, et aiguisaient le grand et noble paganisme par une pointe de sensualité voluptueuse. C'est pourquoi ils étaient fort tolérants pour les escapades de leurs peintres. Vous savez l'histoire de Fra Filippo Lippi, qui avait enlevé une religieuse ; les parents se plaignent ; là-dessus les Médicis se mettent à rire. Le même Fra Filippo, travaillant chez eux, était si passionné pour ses maîtresses, que, lorsqu'on l'enfermait pour lui faire achever un travail, il prenait les draps de son lit et en faisait une corde pour s'échapper par la fenêtre. A la fin, Côme dit : « Qu'on lui laisse la » porte ouverte, les hommes de talent sont des » essences célestes, et non des bêtes de somme, » il ne faut ni les emprisonner ni les contraindre. » — A Rome, c'était pis ; je ne vous conterai pas les amusements d'Alexandre VI ; il faut les lire dans le journal de son chapelain Burchard ; le latin seul peut exposer des priapées et des bacchanales. Pour Léon X, c'est un homme de goût qui aime le beau latin et les épigrammes ingénieuses ; mais il ne s'abstient point pour cela du libre plaisir et de la franche joie physique. Autour de lui, Bembo, Molza, l'Aretin, Baraballo, Querno, quantité de poëtes, de musiciens, de parasites mènent une vie peu édifiante, et d'ordinaire leurs vers sont plus que lestes ; le cardinal Bibiena fait représenter devant lui une comédie, la *Calandra*, qu'on n'oserait jouer aujourd'hui sur aucun théâtre. Lui-même s'amuse à faire servir à ses convives des mets en forme de singes et de corbeaux. Il a pour bouffon un moine mendiant, Mariano, mangeur terrible, « qui avale d'une bouchée un pigeon bouilli ou rôti, et peut, dit-on, engloutir quarante œufs et vingt poulets ». Il se plaît aux grosses gaietés, aux imaginations fantasques et burlesques ; la verve et la sève animale surabondent en lui comme chez les autres ; il chasse avec passion, botté, éperonné, le cerf et le sanglier dans les coteaux sauvages de Civita-Vecchia ; et les fêtes qu'il se donne ne sont pas plus ecclésiastiques que ses mœurs. Un secrétaire du duc de Ferrare, témoin oculaire, décrit ainsi une de ses journées. Jugez par le contraste de ces plaisirs et des nôtres, combien l'empire des convenances s'est agrandi, combien les libres et forts instincts naturels se sont réduits, combien la vive imagination s'est soumise la pure intelligence et quelle distance nous sépare de ces temps à demi païens, tout sensuels, mais tout pittoresques où la vie de l'esprit ne primait pas la vie du corps.

« J'ai été à la comédie dimanche soir (1); monseigneur de Rangoni (2) me fit entrer où était
» le pontife avec ses jeunes et révérendissimes
» cardinaux, dans une antichambre de Cibo (3).
» Sa Sainteté s'y promenait, laissant s'introduire
» tels et tels dont la qualité lui convenait, et une
» fois arrivés au nombre qu'il avait déterminé, on
» se rendit au local destiné à la comédie; notre
» Saint-Père s'était placé à la porte, et sans bruit,
» en donnant sa bénédiction, il en permettait l'en-
» trée à qui bon lui semblait. Une fois admis dans

(1) Publié pour la première fois dans la *Gazette des beaux-arts* par le marquis Joseph Campori.

(2) Hercule Rangoni, cardinal.

(3) Le cardinal Innocent, fils de Franceschetto Cibo et de Magdeleine Médicis, sœur de Léon X.

» la salle, on trouvait la scène d'un côté, de l'autre
» une place à gradins, sur laquelle était installé
» le siége du pontife, qui, après l'entrée des laï-
» ques, se plaça dans sa chaise, élevée de cinq
» marches au-dessus du sol, suivi des révérendis-
» simes et des ambassadeurs, qui prirent place
» autour de la chaise selon leur rang, et une fois
» la foule reçue, qui pouvait être de deux mille
» personnes, au son des fifres on fit descendre la
» toile, sur laquelle on avait peint frère Mariano (1)
» avec plusieurs diables qui folâtraient avec lui
» sur chaque côté de la toile, au milieu de laquelle
» il y avait un bref qui disait : « Voilà les caprices
» de frère Mariano. » On fit de la musique, et le
» pape avec ses lunettes admirait la scène qui était
» très-belle et faite de la main de Raphaël ; réel-
» lement c'était un beau coup d'œil d'issues et

(1) Frère Mariano Fetti, laïque dominicain qui succéda au Bramante, prédécesseur de Sebastiano dans l'office du *Piombo* (plomb), qui fut un des esprits les plus gais et plaisants à la cour de Léon X conjointement avec Baraballo, Querno et leurs pareils, et tout à la fois protecteur et ami des artistes.

» de perspectives qui furent très-vantées. Sa Sain-
» teté admirait aussi le ciel qui était merveilleu-
» sement représenté ; les candélabres étaient for-
» més par des lettres, et chaque lettre supportait
» cinq torches qui disaient : « *Leo X, Pont. Maxi-*
» *mus.*» Le nonce comparut en scène, et récita
» un argument. Il railla le titre de la comédie, les
» *Suppositi*, à tel point que le pape en a ri du
» meilleur cœur avec les assistants (spectateurs),
» et par ce que j'entendis, les Français furent un
» peu scandalisés du sujet des *Suppositi*. On
» récita la comédie, qui fut bien dite (jouée), et
» à chaque acte il y eut un intermède de musique
» avec les fifres, les cornemuses, deux cornets,
» des violes, des luths et le petit orgue aux sons
» si variés, et qui fut donné au pape par monsei-
» gneur très-illustre, d'heureuse mémoire ; il y
» avait en même temps une flûte et une voix qui
» plut beaucoup ; il y eut aussi un concert de voix
» qui ne réussit pas aussi bien, selon moi, que les
» autres œuvres de musique. Le dernier inter-

» mède fut la *Mauresque*, qui figurait la fable de
» Gorgone, très-bonne, mais pas dans cette per-
» fection où je l'ai vu représenter dans le palais
» de votre seigneurie : ainsi se termina la fête.
» Les auditeurs commencèrent à partir, et si à la
» hâte et en si grande foule, que mes destins
» m'ayant poussé à travers un petit banc, je
» courus le danger de me casser une jambe. Bon-
» delmonte reçut un choc très-violent d'un Espa-
» gnol, et pendant que le premier commençait à
» donner des coups de poing au second, on me
» rendit plus facile le moyen de m'échapper ; il
» est certain que je courus grand danger pour ma
» jambe ; j'ai trouvé d'ailleurs une compensation
» à ce malheur dans une grande bénédiction et
» dans la mine gracieuse dont le Saint-Père me
» fit la faveur.

» Le jour qui précéda cette soirée, il y eut une
» course de chevaux où l'on vit une troupe de
» genets, ayant pour chef Mgr Corner, habillée à
» la mauresque diversement, et ensuite une autre

» tout à l'espagnole, vêtue de satin alexandrin » avec doublure de soie changeante, capuchon et » justaucorps, ayant en tête Serapica avec plu- » sieurs valets de chambre de service. Cette der- » nière se composait de vingt chevaux ; le pape » avait donné quarante-cinq ducats à chacun des » cavaliers ; et, en vérité, c'était une belle livrée, » avec estafiers et trompettes habillés aux mêmes » couleurs de soie. Arrivés sur la place, ils com- » mencèrent deux à deux à courir vers la porte du » palais, où se tenait le pape aux croisées, et cette » course terminée par les deux troupes, la com- » pagnie Serapica se retira de l'autre côté de la » place, et la Cornera vers Saint-Pierre ; la Sera- » pica, prenant les cannes, vint attaquer la Cor- » nera qui avait aussi les siennes ; la Serapica » lança les cannes sur la Cornera, qui fit de même » contre sa rivale, et les deux s'attaquèrent et » fondirent l'une sur l'autre, ce qui était très-beau » à voir et sans danger. On remarquait de très- » beaux chevaux et des cavales genettes. Le jour

» suivant, il y eut combats de taureaux ; j'étais » avec le seigneur M. Antoine, ainsi que je l'ai » écrit : trois hommes furent tués et cinq che- » vaux blessés, deux sont morts, et entre autres » un de Serapica, un très-beau genet, qui le lança » à terre, et lui fit courir grand danger, car le » taureau était sur lui, et si on n'eût aiguillonné » la bête à coups de pique, elle n'aurait pas lâché » et elle l'aurait tué. On assure que le pape » s'écriait : « Pauvre Serapica ! » et qu'il se » lamentait beaucoup. J'entends dire que le soir » on a joué certaine comédie d'un moine.... et » comme elle ne causa pas grande satisfaction, le » pape, au lieu de faire danser la *Mauresque*, fit » balancer dans l'air le moine enveloppé dans une » couverture, de manière à lui faire donner un » grand coup de ventre sur le plancher de la » scène, ensuite il lui fit couper les jarretières et » sortir les bas des talons ; mais le bon moine se » mit à mordre à belles dents trois ou quatre de » ces palefreniers. Il fut forcé à la fin de monter

» à cheval, et on lui frappa avec la main tant de
» coups sur le derrière, que, d'après ce qui m'a
» été rapporté, il a fallu lui appliquer beaucoup
» de ventouses sur les parties postérieures ; il est
» au lit et n'est pas bien. On dit que le pape en
» a agi ainsi pour donner un exemple aux autres
» moines, afin qu'ils s'ôtent de la tête l'idée
» d'exhiber leurs moineries. Cette *Mauresque* le
» fit beaucoup rire. Aujourd'hui est venu le tour
» de la course à la bague devant la porte du pa-
» lais, le pape y étant et regardant de ses fenê-
» tres ; les prix étaient déjà inscrits sur des vases.
» Vint après la course des buffles : c'était chose
» plaisante de voir courir ces vilaines bêtes, qui
» tantôt se portaient en avant, tantôt reculaient ;
» pour qu'elles arrivent au but, et avant de l'at-
» teindre, il leur faut beaucoup de temps, car
» elles font un pas en avant et quatre en arrière,
» de manière que le but est toujours difficile à
» gagner. Le dernier qui arriva fut celui qui était
» en avant, aussi remporta-t-il le prix ; ils étaient

» au nombre de dix, et ma foi ce fut un fameux » badinage. Je me retirai ensuite chez Bembo; » je fis une visite à Sa Sainteté, où je rencontrai » l'évêque de Bayeux. On n'y parla que de » masques et de choses gaies.

» De Rome, ce jour, 8 mars MDXVIIII, à la qua- » trième heure de nuit.

» De Votre Seigneurie très-illustre,

» Le serviteur, ALPHONSE PAULUZO. »

Ce sont là les plaisirs du carnaval, dans la cour qui semble devoir être la plus grave et la plus décente de l'Italie ; on y voit aussi des courses « d'hommes nus », comme dans les anciens jeux de la Grèce, et on y a vu des priapées comme dans les cirques de l'ancien empire romain. Avec une imagination si fort tournée vers les spectacles physiques, avec une civilisation qui donne le plaisir pour but à la vie humaine, avec un affranchissement si complet des soins politiques, des tracas industriels, des préoccupations morales qui attachent aujourd'hui les esprits aux intérêts positifs et aux idées abstraites, il n'est pas étonnant qu'une race bien douée pour les arts et grandement cultivée ait goûté, inventé et conduit à la perfection l'art qui représente les formes sensibles. La renaissance est un moment unique, intermédiaire entre le moyen âge et l'âge moderne, entre la culture insuffisante et la culture trop grande, entre le règne des instincts nus et le règne des idées mûres. L'homme cesse alors d'être un animal grossier, guerrier, carnassier, qui ne sait qu'exercer ses membres; il n'est pas encore un pur esprit de cabinet ou de salon, qui ne sait qu'exercer son raisonnement et sa langue. Il participe aux deux natures. Il a des rêves intenses et prolongés comme le barbare; il a des curiosités acérées et délicates comme l'homme civilisé. Comme le premier, il pense par des images; comme le second, il trouve des ordonnances.

Comme le premier, il cherche le plaisir sensible; comme le second, il cherche au delà du plaisir cru. Il a des appétits, mais il a des raffinements. Il s'intéresse aux dehors des choses, mais il leur demande d'être parfaits; et les belles formes qu'il contemple dans les œuvres de ses grands artistes ne font que dégager les figures vagues dont sa tête est pleine et contenter les instincts sourds dont son cœur est pétri.

V

Il reste à savoir pourquoi ce grand talent pittoresque a pris pour principal sujet le corps humain, par quelles expériences, par quelles habitudes, par quelles passions les hommes étaient préparés à s'intéresser aux muscles, pourquoi dans ce grand champ de l'art leurs yeux se sont tournés de préférence vers les figures saines, fortes, actives, que les âges suivants n'ont su retrouver ou n'ont copiées que par tradition.

Pour cela, après vous avoir exposé l'état des esprits, je vais tâcher de vous montrer l'espèce des caractères. Par l'état des esprits, on entend le genre, le nombre et la qualité des idées qui se trouvent dans une tête humaine ; elles en sont en quelque sorte l'ameublement. Mais l'ameublement d'une tête, comme celui d'un palais, change sans beaucoup de peine ; on peut sans toucher au palais y mettre d'autres tentures, d'autres buffets, d'autres bronzes, d'autres tapis ; pareillement, sans toucher à la structure intérieure d'une âme, on peut y mettre d'autres idées ; un changement de condition ou d'éducation y suffit : selon que l'homme est ignorant ou lettré, plébéien ou noble, ses idées sont différentes. Il y a donc en lui quelque chose de plus important que les idées, c'est sa charpente même, je veux dire son caractère, en d'autres termes, ses instincts naturels, ses passions primordiales, la grandeur de sa sensibilité, le degré de son énergie, bref la force et la direction de son ressort intérieur. Pour vous faire voir cette structure profonde des âmes italiennes, je vais vous montrer les circonstances, les habitudes, les besoins, qui l'ont produite : vous la comprendrez mieux par son histoire que par sa définition.

Le premier trait qu'on remarque alors en Italie, c'est le manque d'une paix ancienne et stable, d'une justice exacte, et d'une police surveillante comme celle à laquelle nous sommes habitués chez nous. Nous avons quelque peine à nous représenter cet excès d'anxiétés, de désordres et de violences. Nous sommes depuis trop longtemps dans l'état contraire. Nous avons tant de gendarmes et de sergents de ville, que nous sommes enclins à les trouver plus incommodes qu'utiles. Chez nous, lorsque quinze personnes se rassemblent dans la rue pour voir un chien qui s'est cassé la patte, un homme à moustaches arrive et leur dit : « Messieurs, les rassemblements sont défendus, dispersez-vous. » Cela nous paraît excessif; nous maugréons et nous oublions de remarquer que ces mêmes hommes à moustaches donnent au plus riche et au plus faible l'assurance de se promener seul et sans armes à minuit dans les rues désertes. Supprimons-les par la pensée, et figurons-nous un monde dans lequel la police soit impuissante ou indifférente. On trouve de semblables pays dans l'Australie, en Amérique, par exemple dans ces *placers* où les chercheurs d'or accourent en foule et vivent au hasard sans former encore un État organisé. Là, si l'on craint ou si l'on reçoit un coup ou une insulte, à l'instant on décharge son revolver sur le concurrent ou sur l'adversaire. Celui-ci riposte, et parfois les voisins s'en mêlent. A chaque instant il faut défendre son bien ou sa vie, et le danger est là, brutal, subit, qui presse l'homme de tous les côtés.

Tel était à peu près vers 1500 l'état des choses en Italie; on n'y connaissait rien de semblable à ce grand gouvernement qui, perfectionné chez nous depuis quatre cents ans, regarde comme son devoir le plus élémentaire de conserver à chacun, non-seulement son bien et sa vie, mais encore son repos et sa sécurité. Les princes de l'Italie étaient de petits tyrans qui, d'ordinaire avaient usurpé le pouvoir par des assassinats, des empoisonnements, ou du moins par des violences et des trahisons. Naturellement, leur seule préoccupation était de conserver ce pouvoir. Quant à la sécurité des citoyens, ils n'y pourvoyaient guère. Les particuliers devaient se défendre eux-mêmes, et, en outre, se faire justice eux-mêmes ; lorsqu'on avait quelque débiteur trop récalcitrant, lorsqu'on rencontrait un insolent dans la rue, lorsqu'on considérait un homme comme dangereux ou hostile, on trouvait très-naturel de se débarrasser de lui au plus tôt.

Les exemples abondent, et vous n'avez qu'à parcourir les mémoires du temps pour voir combien cette habitude des violences privées et de l'appel à soi-même était enracinée.

« Le 20 septembre, il y eut, dit Stefano d'In-

» fessura, un grand tumulte dans la ville de » Rome, et tous les marchands fermèrent leurs » boutiques. Ceux qui étaient dans leurs champs » ou dans leurs vignes rentrèrent en toute hâte, » et tous, tant citoyens qu'étrangers, prirent les » armes, parce qu'on affirmait comme chose cer- » taine que le pape Innocent III était mort. »

Le lien si faible de la société se rompait, on rentrait dans l'état sauvage; chacun profitait du moment pour se débarrasser de ses ennemis. Notez qu'en temps ordinaire les voies de fait, pour être un peu moins multipliées, n'en étaient pas moins sanguinaires. Les guerres privées de la famille des Colonna et de la famille des Orsini s'étendaient autour de Rome; ces seigneurs avaient des hommes d'armes, et convoquaient leurs paysans; chaque bande saccageait les terres de l'ennemi; quand on faisait une trêve, elle était vite rompue, et chaque chef, bouclant son *giacco*, envoyait dire au pape que son adversaire était l'agresseur.

« Dans la ville même, il se faisait beaucoup » de meurtres le jour et la nuit, et il se passait à » peine un jour que quelqu'un ne fût tué..... Le » troisième jour de septembre, un certain Salva- » dor assaillit son ennemi, le seigneur Beneacca- » duto, avec qui pourtant il était en paix sous » une caution de 500 ducats. »

Cela signifie qu'ils avaient déposé tous les deux 500 ducats, qui devaient être perdus par le premier qui violerait la trêve. C'était chose habituelle que de garantir ainsi la foi jurée ; il n'y avait pas d'autre moyen de préserver un peu la paix publique. On trouve dans le livre de dépenses de Cellini la note suivante, écrite de sa main : « Je note qu'aujourd'hui, 26 octobre 1556, » moi, Benvenuto Cellini, je suis sorti de prison et » j'ai fait avec mon ennemi une trêve d'un an. » Chacun de nous a fourni une caution de 300 » écus. » Mais une garantie d'argent est faible contre la violence du tempérament et la férocité des mœurs. C'est pourquoi Salvador n'avait pu se tenir d'attaquer Beneaccaduto. « Il le » frappa de deux coups d'épée et le blessa mor- » tellement, en sorte qu'il mourut. »

Ici les magistrats, trop bravés, interviennent et le peuple s'en mêle, à peu près comme aujourd'hui à San Francisco, lorsqu'on pratique la loi de Lynch. A San Francisco, quand les assassinats deviennent trop nombreux, les négociants, les personnes respectables, les hommes importants de la ville, accompagnés de tous les gens de bonne volonté, vont prendre les coupables en prison, et les pendent séance tenante. Pareillement « le quatrième jour, le pape envoya son » vice-camérier avec les conservateurs et tout le » peuple pour détruire la maison de Salvador. Ils » la détruisirent et, le même quatrième jour de » septembre, Jérôme, frère dudit Salvador, fut » pendu », probablement parce qu'on n'avait pas mis la main sur Salvador lui-même. Dans ces exécutions tumultueuses et populaires, chacun répond pour les siens.

Il y a cinquante exemples semblables; les hommes de ce temps sont habitués aux voies de fait, et je parle non-seulement des gens du peuple, mais des personnages qui, étant de haut rang ou de grande culture, devaient, ce semble, exercer quelque empire sur eux-mêmes. Guichardin raconte qu'un jour Trivulce, gouverneur du Milanais pour le roi de France, tua de sa propre main dans le marché quelques bouchers, « lesquels avec l'insolence ordinaire aux gens de » cette sorte, s'opposaient à la levée des droits » dont ils n'avaient pas été exemptés. » — Vous êtes habitués aujourd'hui à voir dans les artistes des gens du monde, citoyens tranquilles, et fort capables de bien porter le soir l'habit noir et la cravate blanche. Dans les mémoires de Cellini vous trouvez un orfévre nommé Piloto, « vaillant homme, » mais qui est chef de brigands. Ailleurs, ce sont les élèves de Raphaël qui prennent la résolution de tuer le Rosso, parce que le Rosso, fort méchante langue, avait dit du mal de

Raphaël ; et le Rosso prend le parti prudent de quitter Rome; après de telles menaces, un voyage était urgent. La moindre raison suffit alors pour tuer un homme. Cellini raconte encore que Vasari avait coutume de porter les ongles très-longs, et qu'un jour, couchant avec son apprenti Manno, « il lui écorcha une jambe » avec ses mains, croyant se gratter lui-même, » sur quoi Manno voulait absolument tuer Va- » sari ». Le motif était léger. Mais à ce moment l'homme est si fougueux, si habitué aux coups, que le sang lui monte tout de suite aux yeux et qu'il fonce en avant. Un taureau frappe d'abord de ses cornes; il frappe d'abord de son poignard.

Aussi les spectacles que l'on a journellement à Rome ou dans les environs sont-ils atroces. Les châtiments semblent ceux d'une monarchie d'Orient. Comptez, si vous pouvez, les meurtres de ce beau et spirituel César Borgia, fils du pape et duc de Valentinois, dont vous verrez le portrait à Rome dans la galerie Borghèse. C'est un homme de goût, grand politique, amateur de fêtes et de fine conversation ; sa taille fine est serrée dans un pourpoint de velours noir ; ses mains sont parfaites, il a le regard calme d'un grand seigneur. Mais il sait se faire respecter, et de ses propres mains, à l'épée, au poignard, il fait ses affaires.

« Le second dimanche, dit Burchard camé-
» rier du pape, un homme masqué, dans le Borgo,
» dit des paroles offensantes contre le duc de Va-
» lentinois. Le duc, l'ayant appris, le fit saisir ; on
» lui coupa la main et la partie antérieure de la
» langue, qui fut attachée au petit doigt de la
» main coupée », sans doute pour faire un exemple. Une autre fois, comme les chauffeurs de 1799, « les gens du même duc suspendirent
» par les bras deux vieillards et huit vieilles
» femmes, après avoir allumé du feu sous leurs
» pieds pour leur faire avouer où était l'argent
» caché, et ceux-ci, ne le sachant pas ou ne vou-

6.

» lant pas le dire, moururent dans ladite torture. »

Un autre jour, le duc fait amener dans la cour du palais des condamnés « *gladiandi* », et lui-même, revêtu des plus beaux habits, devant une assistance nombreuse et choisie, il les perce à coup de flèches. « Il tua aussi sous le manteau » du pape, Perotto, qui était favori du pape, en » telle façon que le sang sauta à la face du pape. » On s'égorgeait beaucoup dans cette famille. Il avait déjà fait assaillir à coups d'épée son beau-frère, et le pape faisait garder le blessé ; « mais le duc dit : « Ce qui ne s'est pas fait à dîner se » fera à souper. Et un jour, le 17 août, il entra » dans sa chambre comme le jeune homme se » levait déjà, fit sortir sa femme et sa sœur ; » puis ayant appelé trois assassins, il fit étran- » gler ledit jeune homme. » Outre cela, il tua son propre frère, le duc de Gandia, et fit jeter le corps dans le Tibre. Après diverses recherches, on découvrit un pêcheur qui était sur la rive au moment de l'attentat. Et comme on lui demandait pourquoi il n'avait rien dit au gouverneur de la ville : « Il répondit qu'il n'avait pas » cru que ce fût la peine, car en sa vie il avait » vu jeter, en différentes nuits, plus de cent » corps au même endroit, sans que personne en » eût jamais pris souci. »

Sans doute les Borgia, cette famille privilégiée, semblent avoir eu un goût et un talent particuliers pour l'empoisonnement et l'assassinat ; mais vous trouverez, dans les petits États italiens, quantité de personnages, princes et princesses, qui sont dignes d'avoir été leurs contemporains. Le prince de Faenza avait donné des sujets de jalousie à sa femme ; elle cache sous son lit quatre assassins, les lance contre lui quand il arrive pour se coucher ; mais il se défend vigoureusement ; elle s'élance hors du lit, prend un poignard attaché au chevet, et va elle-même tuer son mari par derrière. Elle est excommuniée pour ce fait, et son père prie Laurent de Médicis, qui a un grand crédit près du pape, d'intercéder pour qu'elle soit relevée des censures ecclésiastiques, alléguant entre autres motifs qu'il a « l'intention de la pourvoir d'un « autre mari ». — A Milan, le duc Galeazzo est assassiné par trois jeunes gens qui avaient l'habitude de lire Plutarque ; l'un deux fut tué dans l'action et son cadavre livré aux pourceaux ; les autres avant d'être écartelés déclarèrent qu'ils avaient fait le coup parce que « non-seulement » le duc débauchait les femmes, mais encore pu- » bliait leur déshonneur ; et parce que, non-seule- » ment il tuait les hommes, mais encore les faisait » mourir dans des supplices recherchés ». A Rome, le pape Léon X manqua d'être tué par ses cardinaux ; son chirurgien, payé par eux, devait l'empoisonner en pansant sa fistule ; le cardinal Petrucci, principal instigateur, fut mis à mort. Si maintenant on considère la maison des Malatesta à Rimini, ou la maison d'Este à Ferrare, on y trouve des habitudes pareilles d'assassinat et d'empoisonnement héréditaires. Si enfin vous regardez une cité qui paraît un peu mieux réglée, Florence, dont le chef, un Médicis, est un homme intelligent, libéral, honnête, vous y trouverez des coups de main aussi sauvages que ceux dont vous venez d'écouter le récit. Par exemple, les Pazzi, irrités de voir toute la puissance aux mains des Médicis, se conjurèrent avec l'archevêque de Pise pour assassiner les deux Médicis, Julien et Laurent; le pape Sixte IV était complice. Ils choisirent le moment de la messe dans l'église de Santa-Reparata, et le signal fut l'élévation de l'hostie. Un des conjurés, Bandini, poignarda Julien de Médicis; puis Francesco dei Pazzi s'acharna sur le cadavre, si furieusement qu'il se blessa lui-même à la cuisse; il tua ensuite un ami de la maison de Médicis. Laurent fut blessé, mais il était brave : il eut le temps de tirer son épée, de rouler son manteau autour de son bras et de s'en faire un bouclier; tous ses amis se réunirent autour de lui, et le protégèrent de leurs épées ou de leurs corps, si bien qu'il put faire retraite dans la sacristie. Cependant les autres conjurés, l'archevêque en tête, au nombre de trente, avaient surpris l'hôtel de ville pour prendre possession du siége du gouvernement. Mais le gouverneur, à son entrée en charge, avait eu soin de faire disposer les portes de telle façon qu'étant refermées, elles ne pouvaient se rouvrir en dedans. Les conjurés furent pris comme dans une souricière. Le peuple s'armait de tous côtés et accourait. On saisit l'archevêque, on le pendit dans ses habits pontificaux, à côté de Francesco dei Pazzi, le premier instigateur de la conjuration ; dans sa rage, le prélat, mourant et tout pendu qu'il était, s'accrocha au corps de son complice et lui mordit la chair à belles dents. « Environ vingt personnes » de la famille des Pazzi furent en même temps » taillées en pièces, ainsi que vingt autres de la » maison de l'archevêque, et l'on pendit soixante » personnes aux fenêtres du palais. » Un peintre dont je vous ai raconté l'histoire, Andrea da Castagno, autre assassin qui avait tué son ami pour lui voler l'invention de la peinture à l'huile, fut chargé de peindre cette grande pendaison, d'où lui vint plus tard le nom d'*Andrea des pendus*.

Je ne finirais pas si je voulais vous raconter les histoires du temps, qui sont pleines de traits semblables : en voici pourtant une que je choisis encore, parce que le personnage reviendra tout à l'heure en scène, et parce que le narrateur est Machiavel : « Oliveretto da Fermo, étant » resté petit et orphelin, fut élevé par un de ses » oncles maternels nommé Giovianni Fogliani. » Puis il apprit le métier des armes sous ses frères. « Comme il avait de l'esprit naturel, et » qu'il était dispos et fort de corps et de cœur, il » devint en très-peu de temps un des premiers » hommes de sa troupe. Mais, jugeant que c'était » chose vile que de demeurer confondu avec les » autres, il résolut, avec l'aide de quelques ci- » toyens de Fermo de s'emparer de la cité, et écri- » vit à son oncle qu'étant resté plusieurs années

» hors de sa patrie, il voulait venir le voir lui et la » ville, et jeter un peu les yeux sur son patri- » moine. Il ajoutait que, s'il avait pris tant de » peine, c'était seulement pour acquérir de l'hon- » neur, et, afin que ses concitoyens vissent bien » qu'il n'avait dépensé son temps d'une façon » vaine, il voulait venir accompagné de cent cava- » liers ses amis et serviteurs, le priant de vouloir » bien donner ordre pour que les gens de Fermo » le reçussent honorablement, ce qui ferait hon- » neur non-seulement à lui, Oliveretto, mais en- » core à lui Giovanni, qui avait élevé Oliveretto » tout enfant. Giovanni n'omit aucun des bons » offices dont il était requis ; il le fit recevoir » honorablement par les gens de Fermo, et le » logea dans sa maison... Oliveretto, ayant passé » quelques jours à ordonner tout ce qui était » nécessaire à son forfait, fit un festin très-so- » lennel où il invita Giovanni et tous les pre- » miers citoyens de Fermo. Vers la fin... ayant » porté à dessein l'entretien sur des sujets

» graves, sur la grandeur du pape Alexandre » et de son fils et sur leurs entreprises, il se leva » tout d'un coup, disant qu'il fallait un endroit » plus secret pour parler de semblables ma- » tières. Il alla dans une chambre où Giovanni » et tous les autres le suivirent. A peine furent- » ils assis que des endroits secrets de cette » chambre sortirent des soldats qui tuèrent » Giovanni et tous les autres. Après cet homi- » cide, Oliveretto monta à cheval, parcourut » la ville, assiégea le principal magistrat dans » l'hôtel de ville, tellement que, par crainte, » les habitants furent contraints de lui obéir et » d'établir un gouvernement dont il se fit le » chef. Il mit à mort tous ceux qui, étant mé- » contents, pouvaient lui nuire... et en une an- » née devint formidable à tous ses voisins. »

Des entreprises de cette sorte sont fréquentes ; la vie de César Borgia en est pleine, et la soumission de la Romagne au Saint-Siége n'est qu'une suite de trahisons et d'assassinats. Tel est le véritable état féodal, celui dans lequel chaque homme, livré à lui-même, attaque autrui ou se défend lui-même et va jusqu'au bout de son ambition, de sa scélératesse ou de sa vengeance, sans craindre l'intervention du gouvernement ni la répression de la loi.

Mais ce qui met une différence énorme entre l'Italie du XVe siècle et l'Europe du moyen âge, c'est que les Italiens étaient alors très-cultivés. Vous avez vu tout à l'heure les preuves multipliées de cette culture exquise. Par un contraste extraordinaire, tandis que les façons sont devenues élégantes et les goûts délicats, les caractères et les cœurs sont restés féroces. Ces gens sont lettrés, connaisseurs, beaux diseurs, polis, hommes du monde, en même temps hommes d'armes, assassins et meurtriers. Ils font des actions de sauvages et des raisonnements de gens civilisés ; ce sont des loups intelligents. Maintenant, supposez qu'un loup raisonne sur son espèce ; il est probable qu'il fera le code du meurtre. C'est ce qui arriva en Italie ; les philosophes érigèrent en théorie les pratiques dont ils étaient témoins, et finirent par croire ou dire que, pour subsister ou réussir dans ce monde, il faut agir en scélérat. Le plus profond de ce théoriciens fut Machiavel, grand homme, honnête homme même, patriote, génie supérieur qui écrivit un livre, *le Prince*, pour justifier ou du moins pour autoriser la trahison et l'assassinat. Ou plutôt il n'autorise ni ne justifie ; il a dépassé l'indignation et laisse de côté la conscience ; il analyse, il explique, en savant, en connaisseur d'hommes ; il fournit des documents et les commente ; il envoie aux magistrats de Florence des mémoires instructifs et positifs, écrits d'un style tranquille comme le récit d'une belle opération chirurgicale. Il intitule son rapport :

Description de la façon employée par le duc de Valentinois pour tuer Vitellozo Vitelli, Oliveretto de Fermo, le seigneur Pagolo et le duc Gravina Orsini.

« Magnifiques seigneurs, puisque vos seigneu-
» ries n'ont pas reçu toutes mes lettres dans les-
» quelles se trouvait comprise une grande partie
» de l'affaire de Sinigaglia, il m'a paru convenable
» de l'écrire en détail, et je crois que cela vous
» sera agréable en raison de la qualité de la chose,
» qui est de tout point rare et mémorable. »

Le duc avait été battu par ces seigneurs et se trouvait faible contre eux. Il fit la paix, leur promit beaucoup, leur donna quelque chose, prodigua toutes les belles paroles, devint leur allié, et enfin se fit proposer par eux une conférence pour une affaire commune. Ils avaient des craintes et hésitèrent longtemps. Mais ses protestations étaient tellement engageantes, il maniait si bien leurs espérances et leurs cupidités, il se faisait si doux et si loyal, qu'ils vinrent, à la vérité avec des troupes, et se laissèrent conduire sous le semblant d'une hospitalité élégante dans un palais que le duc habitait à Sinigaglia. Ils entrent à cheval et le duc les salue courtoisement; mais « étant tous descendus de » cheval au logement du duc, et entrés avec lui » dans une chambre secrète, ils furent faits ses » prisonniers.

» Aussitôt le duc monta à cheval et commanda » de piller les gens d'Oliveretto et ceux d'Orsini. » Mais les soldats du duc, non contents d'avoir » pillé les gens d'Oliveretto, commencèrent à sac» cager Sinigaglia, et si le duc n'avait pas ré» primé leur insolence en tuant beaucoup d'entre » eux, ils l'auraient saccagée tout entière. »

Les petits agissaient en bandits comme les grands; c'était le règne universel de la force.

« La nuit venue et le tumulte apaisé, il parut à » propos au duc de faire tuer Vitellozo et Olive-

» retto, et, les ayant fait conduire dans un lieu, il les » fit étrangler. Vitellozo priait pour qu'on suppliât » le pape de lui donner l'absolution plénière de ses » péchés. Oliveretto pleurait, rejetant sur Vitellozo » tous les torts qu'on avait faits au duc. Pagolo et » le duc de Gravina furent laissés vivants jusqu'à » ce que le duc apprit que le pape avait pris le » cardinal Orsino, l'archevêque de Florence, et » messire Jacopo de Santa-Croce. A cette nou- » velle, le 18 janvier, au château de la Pieve, ils » furent aussi étranglés de la même façon. »

Ce n'est là qu'un récit; mais ailleurs Machiavel, non content d'exposer les faits, tire ses conséquences. Il écrit un livre moitié vrai et moitié imaginaire, à l'exemple du *Cyrus* de Xénophon, la *Vie* de Castruccio Castracani, qu'il présente aux Italiens comme le modèle du prince accompli. Ce Castruccio Castracani, enfant trouvé, deux cents ans auparavant, s'était fait souverain de Lucques et de Pise, et était devenu assez puissant pour menacer Florence. Il avait fait « beaucoup d'actions qui, par leur vertu et » leur bonheur, peuvent être de très-grands exem- » ples », et « laissé de soi une heureuse mémoire, » ses amis l'ayant regretté plus qu'on ne fit jamais » pour aucun prince en aucun temps ». Voici une des belles actions de ce héros si aimé et digne d'une admiration éternelle :

La famille des Poggio s'étant révoltée à Lucques contre lui, Stefano Poggio, « homme de » grand âge et pacifique », arrêta les mutins et leur promit son intervention. « Ils posent alors les » armes aussi imprudemment qu'ils les avaient » prises ». Castruccio revient. « Stefano, croyant » que Castruccio lui devait avoir obligation, » l'alla trouver et ne le pria pas pour son propre » compte, jugeant qu'il n'en avait pas besoin, » mais pour les autres de sa maison, le priant de » pardonner beaucoup à la jeunesse, beaucoup » à l'antique amitié et aux obligations que lui, » Castruccio, avait à leur maison. A quoi Cas- » truccio répondit de bonne grâce et lui dit d'a-

» voir bonne espérance, témoignant qu'il avait » plus de joie à trouver le tumulte arrêté qu'il » n'avait eu de ressentiment à le savoir soulevé. » Il encouragea Stefano à les faire venir tous, » lui disant qu'il rendait grâces à Dieu d'avoir » occasion de montrer sa clémence et sa géné- » rosité. Ils vinrent donc tous sur la foi de Ste- » fano et de Castruccio, et ils furent tous en- » semble, avec Stefano, faits prisonniers et mis » à mort. »

L'autre héros de Machiavel est ce César Borgia, le plus grand assassin et le plus parfait traître du siècle, homme accompli en son genre, qui considéra toujours la paix comme les Hurons et les Iroquois considéraient la guerre, c'est-à-dire comme un état dans lequel la dissimulation, la feinte, la perfidie, le guet-apens, sont un droit, un devoir et un exploit. Il les pratiquait sur tout le monde, même sur sa famille, même sur ses fidèles. Un jour, voulant faire taire les bruits de cruauté qui couraient sur son compte, il fit prendre son gouverneur de Romagne, Remiro d'Orco, qui lui avait rendu de grands services, et à qui il devait la tranquillité de tout le pays. Et le lendemain, les citoyens virent avec contentement et avec terreur Remiro d'Orco sur la place publique, en deux morceaux, avec un couteau sanglant à côté de lui. Le duc fit dire qu'il l'avait puni de ses sévérités trop grandes, et se fit une réputation de bon seigneur, protecteur du peuple et justicier. Aussi Machiavel conclut de la manière que voici :

« Chacun sait combien il est louable à un » prince de garder sa parole et de vivre avec inté- » grité, non avec astuce. Néanmoins on voit par » expérience dans notre temps que ceux-là parmi » les princes ont fait de grandes choses qui ont » peu tenu compte de leur foi et ont su par as- » tuce faire tourner les cervelles des hommes et à » la fin ont détruit ceux qui se fondaient sur leur » loyauté... Un seigneur prudent ne peut ou ne » doit garder sa parole quand cela lui est nuisible

» et que les motifs qui lui faisaient promettre ont » disparu. Du reste, jamais un prince n'a manqué » de raisons légitimes pour colorer son manque de » parole. Mais il est nécessaire de les bien colorer » et d'être grand fourbe et dissimulateur... Et » les hommes sont si simples et obéissent si fort » à la nécessité présente, que celui qui trompe » trouve toujours quelqu'un qui se laisse trom- » per. »

Il est clair que de pareilles mœurs et de pareilles maximes ont de grandes conséquences sur les caractères. D'abord ce manque absolu de justice et de police, cette licence des attentats et des assassinats, cette obligation de se venger sans pitié et d'être craint pour subsister, cet appel incessant à la force trempe les âmes ; l'homme prend l'habitude des résolutions extrêmes et soudaines ; il est tenu de savoir tuer ou faire tuer à l'instant.

De plus, comme il vit dans un danger continu et extrême, il est rempli de grandes anxiétés et de passions tragiques ; il ne s'amuse pas à démêler finement les nuances de ses sentiments ; il n'est pas curieusement et tranquillement critique. Les émotions qui le remplissent sont grandes et simples. Ce n'est point un détail de sa considération ou une portion de sa fortune qui est en jeu ; c'est toute sa vie, et celle des siens. Du plus haut il peut tomber au plus bas, et, comme Remiro, Poggio, Gravina, Oliveretto, se réveiller sous le couteau ou le lacet d'un exécuteur. La vie est orageuse et la volonté tendue. Les âmes sont plus fortes et ont tout leur jeu.

Je voudrais rassembler tous ces traits, et vous montrer non plus une abstraction, mais un personnage agissant. Il en est un dont nous avons les mémoires, écrits de sa main, d'un style fort simple, d'autant plus instructifs, et qui mieux qu'aucun livre mettront sous vos yeux les façons de sentir, de penser et de vivre des contemporains. Benvenuto Cellini peut être considéré comme un abrégé en haut relief des passions violentes, des vies hasardeuses, des génies spontanés et puissants, des riches et dangereuses facultés qui ont fait la Renaissance en Italie, et qui, en ravageant la société, ont produit les arts.

Ce qui frappe d'abord en lui, c'est la puissance du ressort intérieur, le caractère énergique et courageux, la vigoureuse initiative, l'habitude des résolutions soudaines et des partis extrêmes, la grande capacité d'agir et de souffrir, bref la force indomptable du tempérament intact. Tel était le superbe animal, tout militant et tout résistant, que les rudes mœurs du moyen âge avaient nourri, et que l'ancienneté de la paix et de la police ont amolli chez nous. Il avait seize ans et son frère Giovanni en avait quatorze. Un jour, Giovanni, ayant été insulté par un autre jeune homme, le provoqua en duel. Ils se rendirent à la porte de la ville, et se battirent à l'épée. Giovanni désarma son ennemi, le blessa et continuait, lorsque les parents du blessé arrivèrent et le chargèrent à coups d'épée et à coups de pierres, si bien que le pauvre enfant fut blessé et tomba. Cellini survint, ramassa l'épée, et fondit sur les assaillants, évitant les pierres comme il pouvait, et ne quittant pas son frère d'une semelle; il allait se faire tuer, lorsque quelques soldats qui passaient, pleins d'admiration pour son courage, se mirent de la partie et aidèrent à sa délivrance. Alors il prit son frère sur ses épaules et le transporta à la maison paternelle. — Vous trouveriez de lui cent traits d'énergie semblables. S'il n'a pas été tué vingt fois, c'est miracle; il a toujours l'épée, ou l'arquebuse, ou le poignard à la main, dans les rues, sur les routes, contre des ennemis personnels, des soldats débandés, des brigands, des rivaux de toute sorte; il se défend et le plus souvent il attaque. Le plus étonnant de ces traits, c'est son évasion du château Saint-Ange; on l'y avait enfermé après un meurtre. Il descendit de cette hauteur énorme au moyen de cordes qu'il avait faites avec les draps de son lit, rencontra une sentinelle que son air de résolution terrible effraya et qui feignit de ne l'avoir point vu, franchit au moyen d'une poutre la seconde enceinte, attacha sa dernière corde et se laissa glisser. Mais cette corde était trop courte ; il tomba et se cassa la jambe au-dessous du genou ; alors il se banda la jambe, et se traîna, perdant son sang, jusqu'à la porte de la ville ; elle était fermée, il se glissa dessous après avoir creusé la terre avec son poignard ; des chiens l'assaillirent, il en éventra un, et, rencontrant un portefaix, il se fit porter chez un ambassadeur qui était son ami. Il se croyait sauvé et avait la parole du pape ; mais tout d'un coup il fut repris et mis dans un cachot infect, où la lumière n'arrivait que deux heures par jour. Le bourreau vint et, touché de pitié, l'épargna ce jour-là. Dès lors, on se contenta de le retenir captif ; l'eau suintait, sa paille pourrissait, ses blessures ne se fermaient point. Il passa ainsi plusieurs mois ; la force de sa constitution résista à tout. Un corps et une âme ainsi bâtis semblent de porphyre et de granit, tandis que les nôtres sont de craie et de plâtras.

Mais la richesse du naturel est aussi grande en lui que la force de la structure. Rien de plus flexible et de plus abondant que ces âmes neuves et saines. Il trouvait exemple dans sa famille. Son père était architecte, bon dessinateur, musicien passionné, jouant de la viole et chantant seul pour son plaisir; il fabriquait des orgues de bois excellentes, des clavecins, des violes, des luths, des harpes; il travaillait bien l'ivoire, il était très-habile dans la construction des machines, jouait de la flûte parmi les fifres de la seigneurie, savait un peu de latin et faisait des vers. Les hommes de ce temps sont universels. Sans compter Léonard de Vinci, Pic de la Mirandole, Laurent de Médicis, Leo Batista Alberti et les génies supérieurs, on voit des gens d'affaires et de négoce, des moines, des artisans, s'élever alors, par leurs goûts et leurs habitudes, au niveau des occupations et des plaisirs qui semblent aujourd'hui l'apanage propre des hommes les plus cultivés et des naturels les plus délicats. Cellini était de ce nombre. Il était devenu excellent joueur de flûte et de cornet malgré lui, ayant horreur de ces exercices et ne s'y livrant que pour contenter son père. Outre cela, de très-bonne heure, il fut excellent dessinateur, orfèvre, nielleur, émailleur, statuaire et fondeur. En même temps, il se trouva ingénieur et armurier, constructeur de machines, de fortifications, chargeant, maniant et pointant les pièces mieux que les hommes du métier. Au siége de Rome par le connétable de Bourbon, il fit, avec ses bombardes, de grands ravages dans l'armée assiégeante. Excellent tireur d'arquebuse, il tua de sa main le connétable; il fabriquait lui-même ses armes et sa poudre et atteignait à balle un oiseau à deux cents pas. Son génie était si inventif, qu'en tout art et en toute industrie il découvrait des procédés particuliers dont il faisait secret et qui excitaient « l'admiration de tout le monde ». C'est l'âge de la grande invention ; tout y est spontané, rien ne s'y fait de routine, et les esprits sont si féconds qu'ils ne peuvent toucher une chose sans la féconder.

Quand le naturel est si fort, si richement doué, si producteur, quand les facultés jouent avec tant d'élan et de justesse, quand l'activité est si continue et si grandiose, le ton ordinaire de l'âme est une surabondance de joie, une verve et une gaieté puissantes. On voit Cellini, par exemple, après des aventures tragiques et terribles, se mettre en voyage ; pendant tout le temps de la route, dit-il, « je ne fis que chanter et rire ». Ce prompt redressement de l'âme est fréquent en Italie, surtout en cet âge où les âmes sont encore simples. « Ma sœur Liperata, » dit-il, après avoir un peu pleuré avec moi son » père, sa sœur, son mari et un petit enfant qu'elle » avait perdus, songea à préparer le souper. De » toute la soirée on ne parla plus de mort, mais

» de mille choses gaies et folles; aussi notre repas » fut-il des plus agréables ». Les coups de main, les assauts de boutiques, les dangers d'assassinat et d'empoisonnement au milieu desquels il vit à Rome, sont entremêlés, à chaque instant, de soupers, de mascarades, d'inventions comiques, d'amours tellement francs, tellement crus, si exempts de toute douceur et de tout secret, qu'ils ressemblent aux grandes nudités vénitiennes et florentines des tableaux contemporains. Vous les lirez dans le texte; ce sont des choses trop nues pour être montrées en public; mais elles ne sont que nues; la basse gaudriole ou l'obscénité raffinée ne les gâtent point; l'homme va au grand rire et au libre plaisir comme l'eau coule sur la pente; la santé de l'âme et des sens intacts et jeunes, la fougue animale exubérante éclatent dans sa volupté comme dans ses œuvres et dans son action.

Une pareille structure morale et physique aboutit naturellement à la vive imagination que tout à l'heure je vous décrivais. L'homme ainsi fait n'aperçoit pas les objets par fragments et au moyen de mots comme nous le faisons, mais par blocs et au moyen d'images. Ses idées ne sont pas désarticulées, classées, fixées en formules abstraites comme les nôtres ; elles jaillissent entières, colorées et vivantes. Nous raisonnons et il *voit*. C'est pourquoi il est souvent visionnaire. Ces têtes si pleines, peuplées d'images pittoresques, sont toujours en ébullition et en tempête. Benvenuto a des croyances d'enfant, il est superstitieux comme un homme du peuple. Un certain Pierino, qui le vilipendait, lui et sa famille, s'écria dans un transport de colère : « Si ce que je dis là n'est pas vrai, que ma maison tombe sur moi ! » Quelque temps après, en effet, sa maison s'écroula, et il eut une jambe cassée. Benvenuto ne manque pas de considérer cet événement comme une œuvre de la Providence, qui a voulu punir le mensonge de Pierino. Il raconte très-sérieusement qu'étant à Rome il fit la connaissance d'un magicien qui, l'ayant conduit une nuit au Colysée, jeta une certaine poudre sur des charbons et dit des paroles magiques ; aussitôt toute l'enceinte parut peuplée de diables. Ce jour-là, évidemment, il eut une hallucination. En prison, sa tête fermente; s'il ne succombe pas à ses blessures et à l'infection de l'air, c'est qu'il s'est tourné du côté de Dieu. Il a de longues conversations avec son ange gardien ; il souhaite revoir le soleil, soit en songe, soit effectivement, et il se trouve un jour transporté en face d'un soleil magnifique, d'où sort le Christ et ensuite la Vierge, qui lui font des signes de miséricorde, et il voit le ciel avec toute la cour de Dieu. Ce sont là des imaginations fréquentes en Italie. Après une vie débauchée et violente, souvent même au plus fort de ses vices, l'homme se métamorphose tout d'un coup. Le duc de Ferrare, « ayant été atteint d'une grave maladie qui l'em-» pêcha d'uriner pendant quarante-huit heures, » eut recours à Dieu et voulut qu'on payât tous les

» appointements échus ». Hercule d'Este, au sortir d'une orgie, allait chanter l'office avec sa troupe de musiciens français ; il faisait crever un œil ou couper la main à deux cent quatre-vingts prisonniers avant de les vendre, et le jeudi saint allait laver les pieds aux pauvres. Pareillement, le pape Alexandre, en apprenant l'assassinat de son fils, se frappait la poitrine et confessait ses crimes devant les cardinaux assemblés. L'imagination, au lieu de travailler du côté du plaisir, travaille du côté de la crainte, et, par un mécanisme semblable, leur esprit se frappe d'images religieuses aussi vives que les images sensuelles dont ils étaient assaillis.

De cette fougue et de cette fièvre de l'intelligence, de ce frémissement intérieur par lequel les images absorbantes et aveuglantes secouent toute l'âme et toute la machine corporelle, naît un genre d'action propre aux hommes de ce temps. C'est l'action impétueuse, irrésistible, qui va droit et subitement à ce qu'il y a de plus extrême, c'est-à-dire au combat, au meurtre et au sang. Il y a cent exemples, dans la vie de Benvenuto, de ces orages et de ces coups de foudre. Il s'était pris de dispute avec deux orfèvres rivaux, qui commencèrent à le décrier :

« Mais (1) comme je ne sais pas de quelle cou-
» leur est la peur, je m'inquiétais peu de leurs
» menaces.... Pendant que je parlais, un de leurs
» cousins, nommé Gherardo Guasconti, à leur
» instigation peut-être, saisit le moment où pas-
» sait près de nous un âne chargé de briques, et
» il le poussa sur moi avec tant de force qu'il me
» fit beaucoup de mal. Je me retournai à l'in-
» stant; et voyant qu'il riait, je lui lançai un si
» rude coup de poing sur la tempe, qu'il perdit
» connaissance et tomba comme mort. « Voilà,
» criai-je à ses cousins, comme on traite les
» lâches gredins de votre espèce! » — Puis,
» comme ils faisaient mine de vouloir se jeter sur

(1) Traduction Leclanché.

» moi, car ils étaient nombreux, la colère m'em-
» porta, je tirai un petit couteau et je leur dis : »
» Si l'un de vous sort de la boutique, qu'un autre
» courre chercher un confesseur ; car le médecin
» n'aura que faire ici. » — Ces paroles leur cau-
» sèrent une telle épouvante, qu'aucun d'eux
» n'osa bouger pour secourir le cousin. »

Là-dessus, il est appelé devant le tribunal des Huit, magistrats chargés de la justice à Florence, et il est condamné à une amende de quatre mesures de farine.

« Indigné, frémissant de rage, je devins
» comme un aspic, et j'adoptai un parti déses-
» péré.... J'attendis que les Huit fussent allés
» dîner ; alors, étant resté seul et voyant qu'aucun
» sbire ne m'observait, je sortis du palais et cou-
» rus à ma boutique où je m'armai d'un poi-
» gnard. Puis je volai jusqu'à la maison de mes
» adversaires. Je les trouvai à table. Le jeune
» Gherardo, première cause de la querelle, se
» précipita aussitôt sur moi. Je lui portai à la

» poitrine un coup de poignard qui traversa de » part en part son pourpoint, son collet et sa » chemise, mais sans lui effleurer la peau et sans » lui causer le moindre mal. A la facilité avec » laquelle mon arme pénétra et au craquement » des habits déchirés par le fer, je crus avoir » blessé grièvement mon ennemi, qui de terreur » tomba à terre. « Traîtres, m'écriai-je, voici le » jour où je vais tous vous tuer. » Le père, la » mère et les sœurs, pensant que l'heure du ju- » gement dernier avait sonné, se jetèrent à ge- » noux en implorant à grands cris miséricorde. » Voyant qu'ils n'osaient se défendre, et que » Gherardo gisait sur le sol comme un cadavre, » je jugeai honteux de les toucher, mais, tou- » jours furieux, je sautai au bas de l'escalier. » Dans la rue, je trouvai le reste de la famille, » qui se composait d'une douzaine d'individus au » moins. L'un avait une pelle de fer, l'autre un » gros tuyau de même métal, ceux-là des mar- » teaux ou des enclumes, ceux-ci des bâtons. Je

» me lançai au milieu d'eux comme un taureau » furieux et du choc j'en culbutai quatre ou cinq; » je les suivis dans leur chute, continuant à jouer » du poignard à droite et à gauche. »

Toujours, chez lui, le geste et le coup suivent à l'instant la pensée, comme l'explosion suit l'étincelle. Le tumulte intérieur trop fort exclut la réflexion, la crainte, le sentiment du juste, toute cette intervention de calculs et de raisonnements qui, dans une tête civilisée ou dans un tempérament flegmatique, mettent un intervalle et comme une bourre mollasse entre la première colère et la résolution finale. Dans une auberge, l'hôte inquiet, et qui avait sans doute raison de l'être, voulut être payé avant de lui fournir les choses nécessaires : « Je ne pus fermer l'œil un » seul instant, dit-il, je passai la nuit à chercher » un moyen de me venger. Je pensai d'abord à » mettre le feu à la maison, puis à égorger les » bons chevaux que l'hôtelier avait mis dans » son écurie. Tout cela me semblait facile à

» exécuter, mais je ne voyais pas qu'il fût aussi » aisé de nous sauver, moi et mon camarade. » Il se contente de hacher et de déchirer quatre lits avec un couteau. — Un autre jour, comme il était à Florence en train de fondre son *Persée*, la fièvre lui vint; l'excès de la chaleur et la longueur des veilles qu'il avait passées en surveillant la fonte l'avaient tellement épuisé qu'on le croyait à l'agonie. Un domestique accourt et crie que la fonte ne réussit pas. « Je poussai un » si terrible cri qu'on l'aurait entendu du sep- » tième ciel. Je me jetai à bas du lit, je pris mes » habits et commençai à me vêtir en distribuant » une grêle de coups de pied et de coups de poing » à mes servantes, à mes garçons et à tous ceux » qui venaient pour m'aider. » — Une autre fois il était malade et le médecin avait défendu de lui donner à boire; la servante, par pitié, lui donna de l'eau. « On me raconta plus tard qu'à » cette nouvelle mon pauvre Felice faillit tomber » à la renverse. Il prit ensuite un bâton et se mit

» à rosser vertement la servante en s'écriant : » Ah ! traîtresse, tu l'as tué ! » Les domestiques étaient aussi prompts aux coups que les maîtres et non-seulement aux coups de bâton, mais aux coups d'épée. Comme Benvenuto était en prison au château Saint-Ange, son élève, Ascanio, rencontra un certain Michele, qui se moqua de lui et dit que Benvenuto était sans doute mort. « Il » est vivant, lui riposta Ascanio, mais toi, tu vas » mourir ! » et sur-le-champ, « il lui assena deux » coups de sabre sur la tête. Le premier l'étendit » à terre, le second, en glissant, lui coupa trois » doigts de la main droite. » Il y a une infinité de traits semblables. Benvenuto blesse ou tue son élève Luigi, la courtisane Penthesilea, son ennemi Pompeio, des aubergistes, des seigneurs, des brigands, en France, en Italie, partout. Prenons une de ces histoires, et considérons avec soin les petites circonstances du récit, qui peignent les sentiments.

On apprend que Bertino Aldobrandi, élève du frère de Benvenuto, vient d'être tué.

« Mon pauvre frère jeta alors un si grand cri
» de rage qu'on aurait pu l'entendre à dix milles
» de là. Puis il dit à Giovanni : Au moins saurais-
» tu m'indiquer celui qui l'a tué ? Giovanni ré-
» pondit que oui et que c'était un de ceux qui
» étaient armés d'un espadon, et qu'il avait une
» plume bleue sur sa barrette. Mon pauvre frère
» s'étant avancé, et ayant reconnu le meurtrier à
» ce signalement, se lança au milieu du guet
» avec sa promptitude et son intrépidité merveil-
» leuses, et sans qu'on pût l'arrêter, il allongea
» une botte dans le ventre de son homme, le tra-
» versa de part en part et le poussa à terre avec
» la garde de son épée. Il attaqua ensuite le
» reste du guet avec tant d'audace, qu'à lui seul
» il l'aurait mis en fuite, si un arquebusier pour
» se défendre n'eût, en déchargeant son arme,
» atteint au-dessus du genou droit le brave et
» malheureux jeune homme. Il tomba, et le guet

» opéra une retraite précipitée, dans la crainte
» qu'un deuxième champion aussi formidable ne
» survînt. »

On rapporte le pauvre jeune homme à la maison de Cellini : l'opération qu'on lui fait ne réussit pas ; les chirurgiens étaient ignorants à cette époque, et il meurt de sa blessure. Là-dessus la rage prend Cellini, les idées tourbillonnent dans sa tête :

« Mon seul délassement était *de lorgner,*
» *comme une maîtresse*, l'arquebusier qui avait
» tué mon frère.... M'étant aperçu que la passion
» de le voir si souvent m'ôtait le sommeil et
» l'appétit et me menait dans un mauvais chemin, je me disposai à sortir de ce tourment,
» sans tenir compte de ce qu'une pareille entreprise avait de peu louable.

» Je m'approchai adroitement de lui avec un
» grand poignard semblable à un couteau de
» chasse. J'espérais du revers lui abattre la
» tête, mais il se retourna si vivement que mon

» arme l'atteignit seulement à l'épaule gauche et » lui fractura l'os. Il se leva, laissa tomber son » épée, et, troublé par la douleur, se mit à cou- » rir. Je le poursuivis, le rejoignis en quatre » pas, et levai mon poignard au-dessus de sa » tête qu'il inclinait très-bas, de sorte que mon » arme s'engagea entre l'os du cou et la nuque, » si profondément que, malgré tous mes efforts, » je ne pus la retirer. »

Là-dessus, on se plaint de lui au pape ; mais il a soin de faire quelques belles pièces d'orfévrerie avant d'aller au palais. « Quand je » parus devant le pape, il me lança un regard » menaçant qui me fit trembler ; mais dès qu'il eut » vu mon ouvrage, sa figure commença à se rassé- » réner. » Une autre fois, et après un autre meurtre bien moins excusable, le pape répond aux amis de l'homme tué par Cellini : « Apprenez que des » hommes uniques dans leur art comme Cellini ne » doivent pas être soumis aux lois, et lui moins » que tout autre, car je sais combien il a raison. »

Cela vous montre à quel point l'habitude du meurtre est enracinée alors en Italie. Le souverain de l'État, le vicaire de Dieu, trouve naturel qu'on se fasse justice soi-même, et couvre le meurtrier de son indifférence ou de son indulgence, de sa partialité ou de son pardon.

De cet état des mœurs et des esprits naissent plusieurs conséquences pour la peinture. D'abord les hommes de ce temps sont obligés de s'intéresser à une chose que nous ne connaissons plus, parce que nous ne la voyons plus, et que nous n'y faisons plus attention, à savoir le corps, les muscles et les différentes attitudes que présente la personne humaine en mouvement. Car alors un homme, si grand qu'il soit, est tenu d'être un homme d'armes, de savoir manier l'épée et le poignard pour sa défense; partant, sans y songer, il imprime dans sa mémoire toutes les formes et toutes les attitudes du corps agissant ou combattant. Le comte Balthazar de Castiglione, en faisant la description de la société polie, énumère les exercices dans lesquels un homme bien élevé doit être expert. Vous allez voir que les gentilshommes de ces temps ont l'éducation, et partant les idées, non-seulement d'un maître d'armes, mais encore d'un toréador, d'un gymnaste, d'un écuyer et d'un paladin :

« Je veux que notre homme de cour soit un » parfait cavalier à toutes selles, et, comme c'est » un mérite particulier des Italiens de bien gou- » verner le cheval à la bride, de manœuvrer par » principes surtout les chevaux difficiles, de » courir des lances, de jouter, qu'il soit en cela » un des meilleurs parmi les Italiens.

» Pour les tournois, les pas d'armes, les cour- » ses entre barrières, qu'il soit un des bons » parmi les meilleurs Français..... Pour jouer » aux bâtons, courir le taureau, lancer des dards » et des lances, qu'il soit excellent parmi les » Espagnols... Il convient encore qu'il sache » sauter et courir. Un autre exercice noble est » le jeu de paume, et je n'estime pas à moindre

» mérite de savoir faire la voltige à cheval. »

Ce ne sont pas là de simples préceptes relégués dans la conversation ou dans les livres ; on les pratiquait ; les mœurs des plus grands personnages y étaient conformes. Julien de Médicis, qui fut assassiné par les Pazzi, est loué par son biographe non-seulement pour son talent de poëte et son tact de connaisseur, mais encore pour son habileté à manier le cheval, à lutter et à jeter la lance. César Borgia, ce grand assassin et ce grand politique, avait les mains aussi vigoureuses que l'intelligence et la volonté. Son portrait montre un élégant, et son histoire un diplomate ; mais sa biographie intime montre aussi un matamore, comme on en voit dans cette Espagne d'où sa famille venait. « Il a vingt-sept » ans, dit un contemporain, il est très-beau de » corps, et le pape son père a grand'peur de » lui. Il a tué six taureaux sauvages en com» battant à cheval avec la pique, et à l'un de » ces taureaux il a fendu la tête d'un seul coup. »

Considérez des hommes ainsi élevés ayant l'expérience et le goût de tous les exercices du corps ; ils sont tout préparés pour comprendre la représentation du corps, c'est-à-dire la peinture et la sculpture ; un torse cambré, une cuisse ployée, un bras qui se lève, la saillie d'un tendon, tous les gestes et toutes les formes du corps humain éveillent en eux des images intérieures et préalables. Ils peuvent s'intéresser aux membres, et se trouvent connaisseurs par instinct, sans s'en douter.

D'autre part, le manque de justice et de police, la vie militante, la présence continuelle de l'extrême danger remplissent l'âme de passions énergiques, simples et grandes. Elle est donc disposée à goûter dans les attitudes et dans les figures, l'énergie, la simplicité, et la grandeur ; car le goût a pour source la sympathie, et pour qu'un objet expressif nous agrée, il faut que son expression soit conforme à notre état moral.

En dernier lieu et pour les mêmes raisons,

la sensibilité est plus vive ; car elle est refoulée en dedans par l'horrible pression de toutes les menaces qui entourent la vie humaine. Plus un homme a pâti, craint ou peiné, plus il est content de s'épanouir. Plus son âme a été obsédée d'anxiétés violentes ou de méditations sombres, plus il éprouve de plaisir devant la beauté harmonieuse et noble. Plus il s'est tendu ou bridé pour faire effort ou dissimuler, plus il jouit quand il peut s'ouvrir ou se détendre. Une calme et florissante madone dans son alcôve, un vaillant corps de jeune homme sur son dressoir, occupent ses yeux plus délicieusement au sortir de préoccupations tragiques et de songes funèbres. La conversation aisée, abandonnée, multiple, incessamment renouvelée et variée n'est pas là pour l'épancher ; dans le silence où il se renferme, il cause intérieurement avec les couleurs et les formes ; et le sérieux ordinaire de sa vie, la multitude de ses dangers, et la difficulté de ses épanchements ne font qu'aviver et affiner les impressions qu'il reçoit des arts.

Tâchons de rassembler ces divers traits de caractère, et considérons d'un côté un homme de notre temps, riche et bien élevé, de l'autre un grand seigneur de l'an 1500, tous les deux choisis dans la classe où vous cherchez des juges. Notre contemporain se lève à huit heures du matin, endosse sa robe de chambre, prend son chocolat, va dans sa bibliothèque, remue quelques cartons de paperasses s'il est homme d'affaires, ou feuillette quelques livres nouveaux s'il est homme du monde ; après quoi, l'esprit rassis, sans inquiétude, ayant fait quelques tours sur un tapis moelleux et déjeuné dans un joli appartement chauffé de calorifères, il va se promener sur le boulevard, fume son cigare, entre au cercle pour lire les journaux, cause littérature, cotes de bourse, politique ou chemins de fer. Quand il rentre chez lui, fût-ce à pied et à une heure du matin, il sait très-bien que le boulevard est garni de sergents de ville, et que nul accident ne lui arrivera. Il a l'âme tranquille et se couche en pensant que demain il recommencera. Voilà la vie aujourd'hui. Cet homme, qu'a-t-il vu en fait de corps? Il est allé aux bains froids, il a contemplé ce marécage grotesque dans lequel barbotent toutes les difformités humaines; peut-être, s'il est curieux, il a trois ou quatre fois dans sa vie regardé des athlètes de foire; et ce qu'il a vu de plus net en fait de nu, ce sont les maillots de l'Opéra. En fait de grandes passions, à quelles épreuves a-t-il été soumis? peut-être à des piques de vanité ou à des inquiétudes d'argent; il a fait une mauvaise spéculation de Bourse, il n'a pas obtenu une place qu'il espérait; ses amis ont dit dans le monde qu'il manque d'esprit; sa femme dépense trop, son fils fait des sottises. Mais les grandes passions qui mettent en jeu sa vie et la vie des siens, q i peuvent mettre sa tête sur un billot ou dans un garot, qui peuvent le précipiter dans un cachot, le conduire à la torture et au supplice, il ne les connaît pas. Il est trop tranquille, trop protégé, trop dispersé en petites sensations fines et agréables ; sauf la chance si rare d'un duel accompagné de cérémonies et de politesses, il ignore l'état intérieur d'un homme qui va tuer ou être tué. Considérez au contraire un de ces grands seigneurs dont je vous parlais tout à l'heure, Oliveretto del Fermo, Alfonse d'Este, César Borgia, Laurent de Médicis, leurs gentilshommes, tous ceux qui sont à la tête des affaires. Pour un noble ou un cavalier de la Renaissance, le premier soin, c'est de se mettre nu le matin, avec son maître d'armes, un poignard dans une main, une épée de l'autre ; on le voit ainsi représenté dans les estampes. A quoi occupera-t-il sa vie, et quel est son principal plaisir ? Ce sont les cavalcades, les mascarades, les entrées de villes, les pompes mythologiques, les tournois, les réceptions de souverains, où il figure à cheval magnifiquement vêtu, étalant ses dentelles, son justaucorps de velours, ses broderies d'or, fier de sa belle prestance et de la vigoureuse attitude par laquelle, avec ses compagnons, il relève la dignité de son prince. Quand il sort dans la journée, il a le plus souvent sous son pourpoint une cotte de mailles complète ; il faut bien qu'il se mette à l'abri des coups de poignard et des coups d'épée qui peuvent l'atteindre au coin d'une rue. Même dans son palais, il n'est pas tranquille; les énormes encoignures de pierre, les fenêtres grillées d'épais barreaux, la solidité militaire de toute la structure, indiquent qu'une maison comme une cuirasse doit défendre son maître contre les coups de main. Un pareil homme, lorsqu'il est bien verrouillé chez lui et qu'il se trouve en face d'une belle figure de courtisane ou de vierge, devant un Hercule, un Père éternel grandement drapé ou vigoureusement musclé, est plus capable qu'un moderne de comprendre leur beauté et leur perfection corporelle. Il sentira, sans éducation d'atelier, par une sympathie involontaire, les nudités héroïques et les musculatures terribles de Michel-Ange, la santé, la placidité, le regard simple d'une madone de Raphaël, la vitalité hardie et naturelle d'un bronze de Donatello, l'attitude contournée, étrangement séduisante, d'une figure de Vinci, la superbe volupté animale, le mouvement impétueux, la force et la joie athlétique des personnages de Giorgione et du Titien.

VI

Un état d'esprit pittoresque, c'est-à-dire situé entre les pures idées et les pures images, des caractères énergiques et des mœurs violentes, propres à donner la connaissance et le goût des belles formes corporelles, voilà les circonstances temporaires qui, jointes à l'aptitude innée de la race, ont produit en Italie la grande et parfaite peinture du corps humain. Nous n'avons maintenant qu'à descendre dans les rues ou à entrer dans les ateliers ; nous la verrons naître d'elle-même. Elle n'est pas comme chez nous une œuvre d'école, une occupation de critiques, un passe-temps de curieux, une manie d'amateurs, une plante artificielle cultivée à grands frais, étiolée malgré le terreau dont on l'entoure, étrangère et péniblement conservée sur un sol et dans un air qui sont faits pour porter des sciences, des littératures, des manufactures, des gendarmes et des habits noirs. Elle est une portion dans un ensemble. Les cités qui couvrent leurs hôtels de ville et leurs églises de ses figures peintes, mettent autour d'elle cent tableaux vivants plus passagers mais plus pompeux; elle ne fait que les résumer. Les hommes alors sont amateurs de peinture, non pendant une heure, pour un moment isolé de leur vie, mais dans leur vie entière, dans leurs cérémonies religieuses, dans leurs fêtes nationales, dans leurs réceptions publiques, dans leurs affaires et dans leurs plaisirs.

Voyons-les à l'œuvre; ici nous ne sommes embarrassés que pour choisir; les corporations, les cités, les princes, les prélats, mettent leur gloire et leur amusement dans les parades et les cavalcades pittoresques. J'en prends une entre vingt ; jugez vous-mêmes de l'aspect des rues et des places qui s'emplissaient de pareilles pompes plusieurs fois par an :

« Laurent de Médicis voulut que la compagnie » du Broncone, dont il était chef, surpassât en » magnificence celle du Diamant. Il eut recours » à Jacopo Nardi, noble et savant gentilhomme » florentin, qui lui organisa six chars.

» Le premier char, traîné par deux bœufs » couverts de feuillages, représentait l'âge de » Saturne et de Janus. Au sommet du char » étaient Saturne avec sa faux et Janus tenant » les clefs du temple de la Paix. Sous les pieds » de ces divinités, le Pontormo avait peint la » Fureur enchaînée et plusieurs sujets relatifs à » Saturne. Le char était accompagné de douze » bergers vêtus de peaux de martre et d'her- » mine, chaussés de brodequins antiques, por- » tant des pannetières et couronnés de guirlandes

» de feuilles. Les chevaux sur lesquels étaient » montés ces bergers avaient en guise de selle » des peaux de lion, de tigre et de loup-cervier » dont les griffes étaient dorées; les croupières » étaient en cordes d'or; les étriers avaient la » forme de têtes de bélier, de chien, ou d'autres » animaux; les brides étaient des tresses d'ar- » gent et de feuillages. Chaque berger était » suivi de quatre pastoureaux moins richement » costumés, tenant des torches qui ressemblaient » à des branches de pin.

» Quatre bœufs, couverts de somptueuses » étoffes, traînaient le deuxième char. De leurs » cornes dorées pendaient des guirlandes de » fleurs et des chapelets. Sur le char était Numa » Pompilius, deuxième roi des Romains, en- » touré des livres de la religion, de tous les or- » nements sacerdotaux et des instruments néces- » saires aux sacrifices. Venaient ensuite six » prêtres montés sur des mules magnifiques. Des » voiles ornés de feuilles de lierre brodées d'or

» et d'argent leur couvraient la tête. Leurs robes, » imitées de l'antique, étaient frangées d'or. Les » uns tenaient une cassolette remplie de par- » fums; les autres un vase d'or, ou quelque ob- » jet du même genre. A leurs côtés marchaient » des ministres subalternes qui portaient des » candélabres antiques.

» Sur le troisième char, attelé de chevaux » d'une grande beauté, et décoré de peintures » par le Pontormo, était T. Manlius Torquatus, » qui fut consul après la première guerre » contre les Carthaginois, et dont le sage » gouvernement rendit Rome florissante. Ce » char était précédé de douze sénateurs mon- » tés sur des chevaux couverts de housses » de drap d'or et accompagnés d'une foule » de licteurs portant des faisceaux, des haches, » et les autres insignes de la justice.

» Quatre buffles, travestis en éléphants, tiraient » le quatrième char occupé par Jules César. Le » Pontormo avait peint les plus fameuses actions

» du conquérant sur le char, qui était suivi de » douze cavaliers dont les armes éclatantes » étaient enrichies d'or. Chacun d'eux avait une » lance appuyé sur la cuisse. Leurs écuyers por- » taient des torches figurant des trophées.

» Sur le cinquième char, traîné par des che- » vaux ailés qui avaient la forme de griffons, » était César Auguste. Douze poëtes à cheval et » couronnés de lauriers accompagnaient l'empe- » reur, que leurs ouvrages avaient contribué à » immortaliser. Chacun de ces poëtes avait une » écharpe sur laquelle son nom était écrit.

» Sur le sixième char, peint par le Pontormo » et attelé de huit génisses richement harnachées, » était assis l'empereur Trajan. Il était précédé » de douze docteurs ou jurisconsultes à cheval, » vêtus de longues toges. Des scribes, des co- » pistes, des garde-notes, portaient d'une main » une torche, de l'autre des livres.

» A la suite de ces six chars venait le char ou » triomphe de l'âge d'or, peint par le Pontormo,

» et orné par Baccio Bandinelli de nombreuses » figures en relief, et entre autres des quatre ver- » tus cardinales. Au milieu du char était un im- » mense globe d'or, sur lequel était étendu un » cadavre couvert d'une armure de fer rouillé. » Du flanc de ce cadavre sortait un enfant nu et » doré, pour représenter la résurrection de l'âge » d'or et la fin du siècle de fer, dont le monde » était redevable à l'exaltation de Léon X au pon- » tificat. La tige sèche de laurier, dont les feuilles » reverdissaient, exprimait la même idée, bien » que plusieurs personnes prétendissent qu'elle » faisait allusion à Laurent de Médicis, duc d'Ur- » bin. Je dois dire que l'enfant qu'on avait doré » mourut bientôt après des suites de cette opé- » ration, qu'il avait endurée pour gagner dix » écus. »

La mort de cet enfant, c'est la petite pièce, à la fois comique et lugubre, venant après la grande. Si sèche que soit l'énumération, elle peut vous montrer les goûts pittoresques du temps. Ils n'étaient pas propres seulement aux nobles et aux riches ; le peuple les avait ; Laurent donnait ces fêtes pour garder son ascendant sur lui. Il y en avait d'autres que l'on appelait les Chants ou Triomphes carnavalesques. Laurent les avait agrandis et diversifiés ; il y prenait part lui-même ; quelquefois il y chantait ses vers et figurait au premier rang dans la somptueuse cérémonie. Considérez, messieurs, que Laurent de Médicis était à cette époque le plus grand banquier, le plus libéral protecteur des beaux-arts, le premier industriel de la ville, et qu'il en était en même temps le premier magistrat. Il réunissait en sa personne les qualités que vous trouvez dispersées aujourd'hui, dans M. le duc de Luynes, dans M. de Rothschild, dans le préfet de la Seine, dans les présidents de l'Académie des beaux-arts, de l'Académie des inscriptions, de l'Académie des sciences morales et politiques et de l'Académie française. C'est un pareil homme qui, sans croire compromettre sa dignité, allait dans les rues à la tête des mascarades. Le goût du temps était si décidé et si vif en ce sens que ce zèle, loin de le rendre ridicule, lui faisait honneur. Vers la fin du jour, trois cents cavaliers et trois cents hommes à pied sortaient de son palais avec des torches et parcouraient, jusqu'à trois et quatre heures du matin, les rues de Florence. Parmi eux se trouvaient des chœurs de musique à dix, douze et quinze voix ; les petits poëmes qui se chantaient dans ces mascarades ont été imprimés et forment deux gros volumes. Je n'en citerai qu'un, celui de *Bacchus et d'Ariane*, qu'il composa lui-même. Il est tout païen pour le sentiment du beau et pour la morale. En effet, c'est le paganisme antique avec ses arts et son esprit qui fleurit alors une seconde fois.

« Que la jeunesse est belle ! — Elle fuit cependant. — Que celui qui veut être heureux le soit tout de suite. — Il n'y a pas de certitude pour demain.

» Voilà Bacchus et Ariane, — beaux et enflammés l'un pour l'autre. — Parce que le temps fuit et nous trompe, — ils sont toujours heureux ensemble.

» Ces nymphes et les autres — sont gaies en attendant. — Que celui qui veut être heureux le soit. — Il n'y a pas de certitude pour demain.

» Ces joyeux petits satyres, — amoureux des nymphes, — leur ont dressé cent embuscades — dans les cavernes et les bois ; — maintenant, échauffés par Bacchus, — ils dansent, ils sautent, en attendant. — Que celui qui veut être heureux le soit. — Il n'y a pas de certitude pour demain.

» Dames et jeunes amants, — vive Bacchus et vive l'Amour ! — Que chacun joue des instruments, danse et chante ; — que le cœur s'enflamme de douceur amoureuse ; — la peine et la douleur doivent faire trêve. — Que celui qui veut être heureux le soit. — Il n'y a pas de certitude pour demain.

» Comme la jeunesse est belle! — Elle fuit cependant. »

Outre ce chœur, il y en avait beaucoup d'autres; les uns chantés par des fileuses d'or, les autres par des mendiants, par de jeunes femmes, par des ermites, des cordonniers, des muletiers, des revendeurs, des fabricants d'huile, des faiseurs de gaufres. Les diverses corporations de la cité venaient prendre part à la fête. Le spectacle serait à peu près le même aujourd'hui si, pendant plusieurs journées de suite, l'Opéra, l'Opéra-Comique, le Châtelet et le Cirque olympique paradaient dans nos rues, mais avec cette différence qu'à Florence ce n'étaient pas des figurants qui composaient le cortége, de pauvres gens payés pour endosser un costume qui ne leur appartenait pas; c'était la cité elle-même qui se donnait cette fête, qui paraissait et s'ordonnait dans ces représentations, heureuse de se contempler et de s'admirer, comme une belle fille qui s'offre aux regards dans toute la magnificence de ses atours.

Rien de plus efficace pour donner tout l'essor aux facultés humaines, qu'une pareille communauté d'idées, de sentiments et de goûts. On a remarqué que deux conditions sont nécessaires pour produire les grandes œuvres : la première, c'est la vivacité d'un sentiment spontané, propre et personnel que l'on exprime comme on l'éprouve, sans craindre aucun contrôle ni subir aucune direction ; la seconde, c'est la présence d'âmes sympathiques, l'aide extérieure et incessante des idées voisines par lesquelles les idées vagues qu'on porte en soi-même sont couvées, nourries, achevées, multipliées, enhardies. Cette vérité s'applique partout, dans les fondations religieuses et dans les entreprises militaires, dans les œuvres littéraires et dans les plaisirs mondains. L'âme est comme un brandon ardent ; pour agir, il faut d'abord qu'elle brûle par elle-même, et ensuite qu'elle trouve autour d'elle d'autres tisons enflammés. Le contact mutuel les avive et leur chaleur centuplée porte alors l'incendie de toutes parts. Considérez ces courageuses petites sectes protestantes qui, quittant l'Angleterre, allèrent fonder les États-Unis d'Amérique; elles étaient composées d'hommes qui osaient croire, sentir, penser profondément, d'une façon originale et passionnée, chacun par une conviction vigoureuse et propre, et qui une fois réunis, pénétrés des mêmes sentiments et soutenus par le même enthousiasme, devenaient capables de coloniser des contrées sauvages et de fonder des États civilisés.

Il en est de même dans les armées. Quand, à la fin du siècle dernier, les armées françaises si mal organisées, si novices dans l'art de la guerre, livrées à des officiers presque aussi ignorants que les soldats, se virent en présence des bataillons disciplinés du reste de l'Europe, ce qui les a soutenues, ce qui les a portées en avant, ce qui a fini par leur donner la victoire, c'est d'abord la fierté et la force de la croyance intérieure par laquelle chaque soldat se considérait comme supérieur à ceux qu'il devait combattre, et destiné à porter la vérité, la raison, la justice à travers tous les obstacles au cœur de toutes les nations; c'est aussi la fraternité généreuse, la confiance mutuelle, la communauté de sympathies et d'aspirations par laquelle tous, le premier comme le dernier, le simple soldat comme le capitaine et le général, se sentaient dévoués à la même cause; chacun s'offrant en volontaire, chacun comprenant la situation, le danger, les nécessités, chacun se trouvant prêt à réparer les fautes, tous ne faisant qu'une âme et une volonté, et dépassant, par l'inspiration native comme par l'entente involontaire, la perfection des mécanismes que la tradition, les parades, les coups de canne et la hiérarchie prussienne avaient fabriqués de l'autre côté du Rhin.

Les choses ne vont point autrement lorsqu'il s'agit d'art et de plaisir, que lorsqu'il s'agit d'intérêts et d'affaires. Les gens d'esprit n'ont jamais plus d'esprit que lorsqu'ils sont ensemble. Pour avoir des œuvres d'art, il faut d'abord des artistes, mais aussi des ateliers. Alors il y avait des ateliers, et en outre les artistes faisaient des corporations. Tous se tenaient, et, dans la grande société, de petites sociétés unissaient étroitement et librement leurs membres. La familiarité les rapprochait ; la rivalité les aiguillonnait. L'atelier est alors une boutique et non comme aujourd'hui un salon d'apparat arrangé pour provoquer la commande. Les élèves sont des apprentis qui prennent part à la vie et à la gloire des maîtres, et non des amateurs qui se sentent libres, sitôt qu'ils ont payé la leçon. Un enfant à l'école apprenait à lire, à écrire, et quelque peu d'orthographe ; puis tout de suite, à douze ans, treize ans, il entrait chez le peintre, l'orfévre, l'architecte, le sculpteur ; d'ordinaire le maître était tout cela à la fois, et le jeune homme étudiait sous lui, non pas un fragment de l'art, mais l'art tout entier. Il travaillait pour lui, faisait les choses faciles, les fonds de tableaux, les petits ornements, les personnages accessoires ; il participait au chef-d'œuvre, s'y intéressait comme à son œuvre propre ; il était le fils et le domestique de la maison ; on l'appelait la créature (1) du maître. Il mangeait à sa table, faisait ses commissions, couchait au-dessus de lui dans une soupente, recevait ses bourrades et les taloches de sa » femme (2).

« Je restai, dit Rafaello di Montelupo, de douze » à quatorze ans, ce qui fait deux ans, chez Michel » Agnolo Bandinelli, et la plus grande partie du » temps, je faisais aller les soufflets pour les » ouvrages que faisait le maître ; parfois je des» sinais. Advint qu'un jour le maître me faisait » recuire, c'est-à-dire remettre au feu, certaines » bossettes d'or qui se faisaient pour le duc » Lorenzo de Médicis, duc d'Urbin. Il les battait » sur l'enclume et, pendant qu'il battait l'une,

(1) *Il creato.*

(2) Entre autres celles de Lucrezia, femme d'André del Sarto.

» je cuisais l'autre. S'étant arrêté à parler bas » à un de ses amis, et ne s'étant pas avisé que » j'avais mis la froide et ôté la chaude, il la » prit et se brûla les deux doigts avec lesquels » il la saisissait; sur quoi, criant et sautant » par toute la boutique, il me voulait rosser, et » moi, me sauvant deçà et delà, je fis en sorte » qu'il ne m'attrapa point. Mais quand ce fut » l'heure d'aller manger, comme je passais » près du guichet où était le maître, il me prit » par les cheveux et me donna plusieurs bons » soufflets. »

Ce sont des mœurs de compagnons serruriers ou maçons, rudes, franches, gaies et amicales ; les élèves voyagent avec le maître, se battent des poings et de l'épée à ses côtés, sur la grande route. Ils le défendent contre les attaques et les mauvais propos, et vous avez vu comment les disciples de Raphaël et de Cellini tirent le poignard ou le sabre pour l'honneur de la maison.

Les maîtres entre eux ont la même familiarité et la même intimité fécondes. Une de leurs compagnies à Florence s'appelait la compagnie du Chaudron, et ne pouvait comprendre que douze membres; les principaux étaient André del Sarto, Gian Francesco Rustici, Aristote de San Gallo, Domenico Puligo, Francesco di Pellegrino, le graveur Robetta, le musicien Domenico Bacelli. Chacun d'eux avait le droit d'amener trois ou quatre personnes. Chacun d'eux apportait un plat de son invention, et quiconque se rencontrait avec un autre payait l'amende. Voyez quelle était la verve et la séve de ces esprits animés l'un par l'autre, et comment les arts du dessin trouvaient place jusque dans un souper. Un soir Gian Francesco choisit pour table une énorme cuve et fait mettre les conviés dedans ; alors, du centre de la cuve, sort un arbre dont les rameaux présentent à chacun son plat, pendant qu'au-dessous des musiciens font un concert. Le mets qu'il présente est un grand pâté dans lequel on voit « Ulysse qui fait bouillir son père pour le rajeunir » (1) ; les deux figures sont des chapons bouillis, arrangés en formes d'hommes, et garnis de toutes sortes de choses bonnes à manger. Pour André del Sarto, il apporte un temple à huit faces, posé sur des colonnes, dont le pavé est un grand plat de gélatine divisé en compartiments qui figurent des mosaïques ; les colonnes qui semblent de porphyre sont de grandes et grosses saucisses ; les bases et les chapitaux sont de parmesan, les corniches de pâtisserie sucrée et la tribune de massepain. Au milieu est un lutrin de viande froide, avec un missel de vermicelle, où les lettres et les notes de musique sont des grains de poivre ; les chantres alentour sont des grives rôties, le bec ouvert ; derrière elles deux gros pigeons font les basses, et six ortolans les soprani. — Domenico Puligo donne un

(1) Vasari n'est pas très-exact en mythologie, et prend Ulysse pour Œson, père de Jason.

cochon de lait figurant une paysanne qui file et garde ses poussins; Spillo un serrurier fabriqué avec une grande oie. — Vous entendez d'ici les éclats de rire de la bonne humeur fantasque et bouffonne. — Une autre compagnie, celle de la Truelle, ajoute aux soupers les mascarades. Les convives s'amusent à représenter tantôt l'enlèvement de Proserpine par Pluton, tantôt les amours de Vénus et de Mars, tantôt la Mandragore de Machiavel, les Suppositi de l'Arioste, la Calandra du cardinal Bibiena. Une autre fois, comme la truelle est leur emblème, le président commande à tous les membres de comparaître en habits de maçon avec tous les instruments du métier, et leur fait bâtir un édifice de viandes, de pain, de gâteaux et de sucre. Le trop-plein de l'imagination se déverse dans ces bombances pittoresques. L'homme y semble enfant, tant son âme est jeune; il met partout les formes corporelles qu'il aime; il se fait acteur et mime, et joue avec son art tant il en est rempli.

Par-dessus ces associations bornées, il y en a d'autres plus larges qui réunissent tous les artistes en un même effort. Vous venez de voir dans leurs soupers des gaietés, des expansions, des camaraderies, une simplicité et une bonne humeur burlesque qui semblent celles des ouvriers ; ils ont aussi le patriotisme municipal des ouvriers. Ils parlent avec orgueil de leur « glorieuse école florentine ». Selon eux il n'y en a point d'autre où l'on apprenne le dessin. « Là, » dit Vasari, viennent les hommes parfaits dans » tous les arts et spécialement dans la peinture ; » attendu que dans cette cité on est aiguillonné » par trois choses. La première est la critique » forte et répétée ; car l'air du pays fait des es- » prits libres par nature, qui ne peuvent se » contenter des ouvrages simplement médiocres, » et qui ont égard au bon et au beau plutôt qu'au » nom de l'auteur. — La seconde est le besoin » de travailler pour vivre, ce qui veut dire qu'il » y faut faire œuvre incessamment d'invention

» et de jugement, être avisé et prompt dans ses » besognes, bref, savoir gagner sa vie, parce que » le pays n'étant point riche ni abondant ne peut » comme d'autres nourrir les gens à peu de » frais. — La troisième, qui n'est pas moindre » que les deux premières, est une certaine avi- » dité de gloire et d'honneur, que l'air du pays » engendre très-grande dans les hommes de » toute profession, et qui les révolte contre la » pensée d'être les égaux, je ne dis pas les infé- » rieurs, de ceux qu'ils reconnaissent pour maî- » tres, mais qu'ils voient hommes comme eux ; » ambition et émulation si vives qu'à moins » d'être sages et bons de nature, ils en devien- » nent ingrats et médisants. » Qu'il s'agisse d'honorer leur ville, tous conspirent à bien faire ; et la rivalité qui les pousse à se surpasser les uns les autres les conduit à faire mieux. Lorsque le pape Léon X vint, en 1515, visiter Florence sa patrie, la cité convoqua tous les artistes pour le recevoir magnifiquement. On construisit dans la ville douze arcs de triomphe décorés de statues et de peintures ; dans les intervalles s'élevaient divers monuments, des obélisques, des colonnes, des groupes semblables à ceux de Rome. « Sur » la Piazza dei Signori, Antonio da San Gallo fit » un temple à huit faces, et Baccio Bandinelli » un géant sur la Loggia. Entre la Badia et le » palais du Podestat, Granaccio et Aristote de » San Gallo bâtirent un arc de triomphe ; et au » coin des Bischeri le Rosso en éleva un autre » avec quantité de figures diverses et d'une belle » ordonnance. Mais ce qui fut le plus estimé, » c'est la façade de Santa-Maria del Fiore, con- » struite en bois et peinte par André del Sarto » de si belles histoires en clair-obscur qu'on » n'eût pu rien souhaiter de mieux. L'architecte » Jacopo Sansovino l'avait orné de plusieurs » histoires en bas-relief et de sculptures pleines, » d'après le plan de feu Laurent de Médicis, » père du pape. Le même Jacopo fit aussi sur » la place de Santa-Maria Novella un cheval sem-

» blable à celui de Rome, et qui parut très-beau.
» L'appartement du pape dans la rue della Scala
» fut aussi décoré d'une multitude infinie d'or-
» nements, et la moitié de cette rue était pleine
» de très-belles histoires exécutées par beau-
» coup d'artistes, mais dessinées pour la plupart
» par Baccio Bandinelli. »

Vous voyez que la gerbe des talents est complète, et à quelle hauteur l'association la fait monter. La cité travaille à se faire belle ; aujourd'hui c'est tout entière pour un carnaval ou une entrée de prince ; demain et toute l'année ce sera par quartiers, corporations, confréries ou couvents, chaque petit groupe emporté par son zèle, « plus riche de cœur que d'argent » (1) à la fois superstitieux et populaire, mettant sa gloire à bien décorer sa chapelle et son monastère, son portique et son lieu d'assemblée, ses costumes et ses drapeaux de tournois, ses chars et ses insignes

(1) Voyez dans la vie d'Andrea del Sarto, par Vasari, les circonstances des commandes.

de la Saint-Jean. Jamais l'excitation mutuelle n'a été si universelle et si forte ; jamais la température dans laquelle naissent les arts du dessin n'a été si bonne ; jamais on ne vit un moment et un milieu pareils. L'assemblage des circonstances est unique ; une race douée d'imagination rhythmique et figurative, atteint la culture moderne en gardant les mœurs féodales, concilie les instincts énergiques avec les idées fines, pense par des formes sensibles, et, lancée jusqu'au bout de son génie par l'élan spontané, sympathique, contagieux des petits groupes libres qui la composent, invente le modèle idéal, dont la perfection corporelle peut seule exprimer le noble paganisme qu'elle ressuscite pour un instant. De ce faisceau des conditions dépend tout art qui représente les formes du corps. De ce faisceau de conditions dépend la grande peinture. Selon qu'il manque ou se décompose, elle manque ou se décompose. Elle ne s'est point produite tant qu'il n'a pas été complet. Elle s'est altérée sitôt qu'il a commencé à se défaire. Elle a suivi pas à pas sa formation, sa plénitude, son démembrement et sa ruine. Elle est restée symbolique et mystique jusqu'à la fin du XIVe siècle, sous l'empire des idées théologiques chrétiennes. Elle a prolongé l'école symbolique et mystique jusqu'au milieu du XVe siècle (1) pendant la longue lutte de l'esprit chrétien et de l'esprit païen. Elle a trouvé au milieu du XVe siècle son interprète le plus angélique dans une âme sainte préservée du paganisme nouveau par la solitude du cloître (2). Elle s'est intéressée au corps réel et solide, dès les premières années du XVe siècle et sur les pas de la sculpture, par la découverte de la perspective, par l'étude de l'anatomie, par le perfectionnement du modelé, par l'application du portrait, par l'emploi de l'huile, lorsque, à la

(1) Encore en 1444, Parro Spinelli et les Bicci faisaient des peintures giottesques.

(2) Beato Angelico.

même époque, l'adoucissement des guerres, l'apaisement des cités, le développement des industries, l'accroissement de la richesse et du bien-être, la restauration de la littérature et des idées antiques, ramenèrent à la vie présente les yeux tournés vers la vie future, et remplacèrent l'espoir de la félicité céleste par la recherche du bonheur humain. Elle a passé de l'imitation exacte à la belle invention, lorsqu'au temps de Léonard de Vinci et de Michel-Ange, de Laurent de Médicis et de Francesco della Rovere, la culture définitive, élargissant l'esprit et achevant les idées, produisit la littérature nationale à côté de la restauration classique, et le paganisme complet par delà l'hellénisme ébauché. Elle s'est prolongée à Venise un demi-siècle plus tard qu'ailleurs, dans une sorte d'oasis préservée des barbares, dans une cité indépendante, où la tolérance se maintenait en face du pape, le patriotisme en face de l'Espagne, et les mœurs militaires en face des Turcs. Elle s'est amollie au temps du Corrége, et elle s'est refroidie sous les successeurs de Michel-Ange, lorsque les invasions et les misères accumulées eurent brisé le ressort de la volonté humaine, lorsque la monarchie laïque, l'inquisition ecclésiastique, la pédanterie académique, eurent régularisé et amoindri la séve de l'invention native, lorsque les mœurs prirent une apparence décente et les esprits un tour sentimental, lorsque le peintre qui était un artisan naïf devint un cavalier poli, lorsque la boutique et les apprentis firent place à « l'Académie », lorsque l'artiste libre et hardi qui jouait et sculptait ses bouffonneries dans les soupers de la Truelle (1) devint un courtisan diplomate persuadé de son importance, observateur de l'étiquette, défenseur des règles, flatteur vaniteux

(1) « Les fêtes qu'ils firent ainsi, dit Vasari, furent en nombre infini ; mais aujourd'hui ces compagnies sont pour ainsi dire détruites. » — Voyez par contraste les vies du Guide, des Carraches, de Lanfranc. C'est Ludovic Carrache le premier qui, au lieu de Messer, se fit appeler Magnifico.

des prélats et des grands. Par cette correspondance exacte et continue, on voit que si le grand art et son milieu sont contemporains ce n'est pas qu'un hasard les assemble, c'est que le second ébauche, développe, mûrit, gâte et dissout avec soi le premier, à travers les accidents du grand pêle-mêle humain et les jets imprévus de l'originalité personnelle. Il apporte ou emporte l'art à sa suite, comme le refroidissement plus ou moins grand dépose ou supprime la rosée, comme la lumière plus ou moins faible nourrit ou étiole les portions vertes des plantes. Des mœurs analogues, et dans leur genre encore plus parfaites, avaient produit jadis un art analogue et plus parfait encore dans les petites cités guerrières et dans les nobles gymnases de l'ancienne Grèce. Des mœurs analogues, mais dans leur genre un peu moins parfaites, vont, en s'établissant, produire en Espagne, en Flandre, et même en France, un art analogue, quoique altéré ou dévié par les dispositions originelles des races où il se transplantera; et l'on peut conclure avec certitude que pour amener de nouveau sur la scène du monde un art semblable, il faudra maintenant que le courant des siècles y établisse d'abord un pareil milieu.

FIN.

TABLE DES MATIÈRES

II

III

IV

V

VI

FIN DE LA TABLE DES MATIÈRES.

Paris. — Imprimerie de E. MARTINET, rue Mignon, 2.

BIBLIOTHÈQUE

DE

PHILOSOPHIE CONTEMPORAINE

Volumes in-18 à 2 fr. 50

Ouvrages parus.

H. TAINE. Le Positivisme anglais, étude sur Stuart Mill.
— L'Idéalisme anglais.
— Philosophie de l'art.
— Philosophie de l'art en Italie.
PAUL JANET. Le Matérialisme contemporain. Examen du système du docteur Büchner.
— La Crise philosophique : MM. Taine, Renan, Vacherot, Littré.
— Le Cerveau et la Pensée.
ODYSSE-BAROT. Lettres sur la philosophie de l'histoire.
ALAUX. La Philosophie de M. Cousin.
AD. FRANCK. Philosophie du droit pénal.
— Philosophie du droit ecclésiastique.
— La Philosophie mystique au XVIIIe siècle (Saint-Martin et don Pascualis).
E. SAISSET. L'Ame et la Vie, suivi d'une étude sur l'Esthétique française.
— Critique et histoire de la philosophie (fragments et discours.)
CHARLES LÉVÊQUE. Le Spiritualisme dans l'art.
— La Science de l'invisible. Études de psychologie et de théodicée.
AUGUSTE LAUGEL. Les Problèmes de la nature.
— Les Problèmes de la vie.
CHALLEMEL LACOUR. La Philosophie individualiste, étude sur Guillaume de Humboldt.

CHARLES DE RÉMUSAT. Philosophie religieuse.

ALBERT LEMOINE. Le Vitalisme et l'Animisme de Stahl.

— De la physionomie et de la parole.

MILSAND. L'Esthétique anglaise, étude sur John Ruskin.

A. VÉRA. Essai de philosophie hégélienne.

BEAUSSIRE. Antécédents de l'Hégélianisme dans la philosophie française.

BOST. Le Protestantisme libéral.

FRANCISQUE BOUILLIER. Du Plaisir et de la Douleur.

ED. AUBER. Philosophie de la médecine.

LEBLAIS. Matérialisme et Spiritualisme, précédé d'une préface par M. E. LITTRÉ (de l'Institut).

AD. GARNIER. De la morale dans l'antiquité, précédé d'une introduction par M. PRÉVOST-PARADOL (de l'Académie française).

SCHŒBEL. Philosophie de la raison pure.

BEAUQUIER. Philosophie de la musique.

TISSANDIER. Du Spiritisme et des Sciences occultes.

J. MOLESCHOTT. La Circulation de la vie. Lettres sur la physiologie en réponse aux Lettres sur la chimie de Liebig. 2. vol., traduit de l'allemand par M. le docteur Cazelles.

L. BUCHNER. Science et Nature, traduit de l'allemand par Aug. Delondre. 2 vol.

ATHAN. COQUEREL FILS. Origines et transformations du christianisme.

JULES LEVALLOIS. Déisme et Christianisme.

ÉDITIONS ÉTRANGÈRES.

ÉDITIONS ANGLAISES.

H. TAINE. The Philosophie of art. 1 vol. in-18 relié. 3 shil.

PAUL JANET. The Materialism of the present day. A critique of Dr Büchner's system, translated by prof. Gustav. Masson. 1 vol. in-18 relié. 3 shil.

ÉDITIONS ALLEMANDES.

H. TAINE. Philosophie der Kunst. 1 vol. in-18. 1 thal.

PAUL JANET. Der Materialismus unzerer Zeit in Deutschland uberzetzt von Prof. von Reichlin-Meldegg, mit einem Vorwort von Dr von Fichte. 1 vol. in-18. 1 thal.

BIBLIOTHÈQUE

D'HISTOIRE CONTEMPORAINE

Volumes in-18 à 3 fr. 50

Volumes parus.

CARLYLE. Histoire de la Révolution française, traduite de l'anglais par M. Élias Regnault. Tome Ier : LA BASTILLE. Tome II : LA CONSTITUTION.

VICTOR MEUNIER. Science et Démocratie. 2 vol.

JULES BARNI. Histoire des idées morales et politiques en France au XVIIIe siècle. 2 vol.

AUGUSTE LAUGEL. Les États-Unis pendant la guerre (1861-1865). Souvenirs personnels. 1 vol.

DE ROCHAU. Histoire de la Restauration, traduite de l'allemand par M. Rosenwald, précédée d'une Introduction par M. Eug. Yung. 1 vol.

Volumes à paraître.

CARLYLE. Histoire de la Révolution française; tome III : LA GUILLOTINE.

CHALLEMEL-LACOUR. Histoire de Louis-Philippe, 1 vol.

DE ROCHAU. Histoire de Louis-Philippe, traduite de l'allemand par M. Rosenwald. 1 vol.

FRÉDÉRIC MORIN. Les Historiens du XIXe siècle. 1 vol.

EUGÈNE DESPOIS. Le Vandalisme révolutionnaire. 1 vol.

EUG. YUNG. La Révolution italienne. 1 vol.

ED. HERVÉ. Les grands orateurs contemporains en Angleterre.

ÉDITIONS ÉTRANGÈRES.

AUGUSTE LAUGEL. The United States during the war. 1 beau vol. in-8 relié. 7 shill. 6 p.

OUVRAGES

De M. le professeur VÉRA

Professeur à l'Université de Naples.

INTRODUCTION

A LA

PHILOSOPHIE DE HÉGEL

1 vol. in-8, 1864, 2e édition.... 6 fr. 50.

LOGIQUE DE HÉGEL

Traduite pour la première fois, et accompagnée d'une introduction et d'un commentaire perpétuel.

2 volumes in-8. .... 12 fr.

PHILOSOPHIE DE LA NATURE

DE HÉGEL

Traduite pour la première fois, et accompagnée d'une introduction et d'un commentaire perpétuel.

3 volumes in-8. 1864-1866........ 25 fr.

Prix du tome II... 8 fr. 50.— Prix du tome III... 8 fr. 50

L'Hégélianisme et la philosophie. 1 vol. in-18. 1861. 3 fr. 50

Mélanges philosophiques. 1 vol. in-8. 1862. 5 fr.

Essais de philosophie hégélienne (de la *Bibliothèque de philosophie contemporaine*). 1 vol. 2 fr. 50

Problème de la certitude. 1 vol. in-8. 3 fr. 50

Platonis, Aristotelis et Hegelii de medio termio doctrina. 1 vol. in-8. 1845. 1 fr. 50

REVUE DES COURS

Reproduisant, soit par la sténographie, soit au moyen d'analyses revisées par les professeurs, les principales leçons et conférences littéraires ou scientifiques faites à Paris, en provinces et à l'étranger.

Directeur : M. Eug. YUNG ; chef de la rédaction : M. Ém. ALGLAVE.

LA REVUE DES COURS SE PUBLIE EN DEUX PARTIES SÉPARÉES.

REVUE DES COURS LITTÉRAIRES

DE LA FRANCE ET DE L'ÉTRANGER

Collége de France, Sorbonne, Faculté de droit, École des Chartes, École des beaux-arts, cours de la Bibliothèque impériale, Facultés des départements, Universités allemandes, anglaises, suisses, italiennes, Sociétés savantes, etc.

Soirées littéraires de Paris et de la province. — Conférences libres.

La *Revue des cours littéraires* a publié intégralement le cours de MM. Laboulaye, A. Maury, Beulé, et les leçons et conférences de MM. Franck, Havet, Ch. Lévêque, Paulin Pâris, de Loménie, Philarète Chasles, Patin, Janet, Caro, Egger, Berger, Saint-René Taillandier, Mézières, A. Geffroy, l'abbé Freppel, Taine, Heuzey, de Valroger, Valette, Jules Barni, Jules Simon, J. J. Weiss, Despois, Gladstone, Hervé, G. Guizot, Saint-Marc Girardin, etc.

REVUE DES COURS SCIENTIFIQUES

DE LA FRANCE ET DE L'ÉTRANGER

Collége de France, Sorbonne, Faculté de médecine, Muséum d'histoire naturelle, École de pharmacie, Facultés des départements, Académie des sciences, Universités étrangères.

Soirées scientifiques de la Sorbonne. — Conférences libres.

La *Revue des cours scientifiques* publie intégralement les cours de MM. Claude Bernard, Berthelot, Quatrefages, Lacaze-Duthiers, G. Ville, Vulpian, Robin, Becquerel, Coste, Blanchard, Gavarret, Boussingault, et des leçons ou conférences de MM. Milne-Edwards, Boutan, Payen, Pasteur, Troost, Daremberg, Bertrand, Bouchardat, Jamin, Bouchut, Matteucci, Moleschott, Palmieri, Remak, de Luca, Virchow, Huxley, Tyndall, etc., etc.

Ces deux journaux paraissent le samedi de chaque semaine par livraisons de 32 à 40 colonnes in-4°.

Prix de chaque journal isolément.

	Six mois.	Un an.
Paris..................	8 fr.	15 fr.
Départements..........	10	18
Étranger..............	12	20

Prix des deux journaux réunis.

Paris..................	15 fr.	26 fr.
Départements..........	18	30
Étranger..............	20	35

L'abonnement part du 1er décembre et du 1er juin de chaque année.

La publication de ces deux journaux a commencé le 1er décembre 1863. Chaque année forme deux forts volumes in-4° de 800 pages.

CL. BERNARD. **Leçons sur les propriétés des tissus vivants,** faites à la Sorbonne, publiées par M. Émile Alglave. 1866, 1 vol. in-8 avec 92 figures. 8 fr.

BOUCHARDAT. **Le travail,** son influence sur la santé (conférences faites aux ouvriers). 1863, 1 vol. in-18. 2 fr. 50

BOUCHARDAT et H. JUNOD. **L'Eau-de-vie et ses dangers,** conférences populaires. 1 vol. in-8 1 fr.

BRIERRE DE BOISMONT. **Des hallucinations, ou Histoire raisonnée des apparitions,** des visions, des songes, de l'extase, du magnétisme et du somnambulisme. 1862, 3e édition très-augmentée. 7 fr.

BRIERRE DE BOISMONT. **Du Suicide et de la folie suicide.** 1865, 2e édition, 1 vol. in-8. 7 fr.

Conférences historiques de la Faculté de médecine faites pendant l'année 1865. (*Les chirurgiens érudits*, par M. Verneuil. — *Gui de Chauliac*, par M. Follin. — *Celse*, par M. Broca. — *Wurtzius*, par M. Trélat. — *Rioland*, par M. Lefort. — *Levret*, par M. Tarnier. — *Harvey*, par M. Béclard. — *Stahl*, par M. Lasègue. — *Jenner*, par M. Lorain. — *Jean de Vier et les Sorciers*, par M. Axenfeld. — *Laennec*, par M. Chauffard. — *Sylvius*, par M. Gubler. — *Stoll*, par M. Parrot, 1 vol. in-8.) 6 fr.

CUVIER. **Discours sur les révolutions de la surface du globe** et sur les changements qu'elles ont produits dans le règne animal, 8e édition, 1 vol. in-18, avec 7 figures. 2 fr. 50

DELEUZE. **Instruction pratique sur le magnétisme animal,** précédée d'une notice sur la vie et les ouvrages de l'auteur, et suivie d'une lettre d'un médecin étranger. 1853. 1 vol. in-12. 3 fr. 50

D'ARCHIAC. **Leçons sur la Faune quaternaire** professées au Muséum d'histoire naturelle. 1865, 1 vol. in-8. 3 fr. 50

DU POTET. **Traité complet de magnétisme,** cours en douze leçons. 1856, 3e édition, 1 vol. de 634 pages. 7 fr.

DURAND (de Gros). **Essais de physiologie philosophique,** suivis d'une Étude sur la théorie de la méthode en général, 1866, 1 vol. in-8 de 620 pages. 8 fr.

ÉLIPHAS LÉVI. **Dogme et rituel de la haute magie.** 1861, 2e édit., 2 vol. in-8, avec 24 figures. 18 fr.

ÉLIPHAS LÉVI. **Histoire de la magie,** avec une exposition claire et précise de ses procédés, de ses rites et de ses mystères. 1860, 1 vol. in-8, avec 90 figures. 12 fr.

ÉLIPHAS LÉVI. **La clef des grands mystères** suivant Hénoch, Abraham, Hermès Trismégiste et Salomon. 1861, 1 vol. in-8, avec 22 planches. 12 fr.

ÉLIPHAS LÉVI. **Philosophie occulte. Fables et symboles,** avec leur explication où sont révélés les grands secrets de la direction du magnétisme universel et des principes fondamentaux du grand œuvre. 1863, 1 vol. in-8. 7 fr.

ÉLIPHAS LÉVI. **La science des esprits,** révélation du dogme secret des Kabbalistes, esprit occulte de l'Évangile, appréciation des doctrines et des phénomènes spirites. 1865, 1 vol. in-8. 7 fr.

FAU. **Anatomie des formes du corps humain,** à l'usage des peintres et des sculpteurs, 1866, 1 vol. in-8 et atlas de 25 planches. 2e édition.

Prix, figures noires. 20 fr.
Prix, figures coloriées. 35 fr.

HÉMENT. **Les Conférences du quai Malaquais.** — Félix Hément, *Les Mouvements de la mer et de l'atmosphère.* — Louis Jourdan, *Blanche de Castille.* — Ernest Morin, *Le Cardinal de Retz et M. Vincent.* — Th. Sauvestre, *De l'éducation des femmes.* — Évariste Thévenin, *Histoire du théâtre en France.* — P. Vulpian, *Le Budget de la famille et le budget de l'État,* 1re année 1865, 1 vol. in-12 de 172 pages. 1 fr. 50

JOLY. **Leçons sur la génération spontanée,** 2 brochures in-8. 1 fr.

LAFONTAINE. **L'Art de magnétiser,** ou le magnétisme animal, considéré sous les points de vue théorique, pratique et thérapeutique. 1860, 3e édition, 1 vol. in-8, avec figures. 5 fr.

LAFONTAINE. **Mémoires d'un magnétiseur.** 1866, 2 vol. in-8. 7 fr.
Avec le portrait de l'auteur. 8 fr.

LEYDIG. **Traité d'histologie comparée de l'homme et des animaux,** traduit de l'allemand par M. le docteur Lahillonne, 1866, 1 fort vol. in-8 avec 270 figures dans le texte. 15 fr.

LONGET. **Mouvement circulaire de la matière dans les trois règnes,** tableaux de physiologie avec fig. coloriées. 1866. 7 fr.

MENIÈRE. **Études médicales sur les poëtes latins.** 1858, 1 vol. in-8. 6 fr.

MENIÈRE. **Cicéron médecin,** étude médico-littéraire. 1862, 1 vol. in-18. 4 fr. 50

MENIÈRE. **Les Consultations de madame de Sévigné,** étude médico-littéraire. 1 vol. in-8. 1864. 3 fr.

MEUNIER (Victor). **La Science et les Savants.**
1re année, 1864, 1 vol. in-18. 3 fr. 50
2e année, 1865, 1er semestre, 1 vol. in-18. 3 fr. 50
2e année, 1865, 2e semestre, 1 vol. in-18. 3 fr. 50
Cet ouvrage paraît tous les six mois.

MILSAND. **Le Code civil et la liberté.** 1865, in-8. 2 fr.

MIRON. **De la séparation du temporel et du spirituel.** 1866, in-8. 3 fr. 50

MOREL. **Traité des champignons** au point de vue botanique, alimentaire et toxicologique, orné de plus de 100 figures. 1865, 1 vol. in-18 de 300 pages.
Prix figures noires. 4 fr.
Prix figures coloriées. 8 fr.

MORIN. **Du magnétisme et des sciences occultes.** 1860, 1 vol. in-8. 6 fr.

MUNARET. **Le médecin des villes et des campagnes.** 4e édition, 1862, 1 vol. gr. in-18. 4 fr. 50

Notions d'anatomie et de physiologie générales.

TAULE. *Notions sur la nature et les propriétés de la matière organisée.* 1866. 3 fr. 50

ONIMUS. *De la théorie dynamique de la chaleur dans les sciences biologiques.* 1866. 3 fr.

CLÉMENCEAU. *De la génération des éléments anatomiques.* 1866. Prix. 4 fr.

POUGNET. **Hiérarchie et Décentralisation**, 1866, 1 vol. gr. in-8 de 160 pages. 3 fr.

PRESSENSÉ (E. de). **Jésus-Christ, son temps, sa vie, son œuvre**, 1866, 2e édition, 1 vol. in-8. 7 fr. 50

SHRIMPTON. **La Guerre d'Orient**, l'armée anglaise et miss Nightingale. 1 vol. in-8. 2 fr.

SIÉREBOIS. **Autopsie de l'âme**, sa nature, ses modes, sa personnalité, sa durée, 1 vol. in-18. 2 fr. 50

THÉVENIN (ÉVARISTE). **Hygiène publique**, résumé de dix ans de travaux au conseil de salubrité, de 1849 à 1858. 1 vol. in-18, 1863. 2 fr. 50

VIRCHOW. **Des Trichines**, à l'usage des médecins et des gens du monde, traduit de l'allemand par M. Onimus, avec figures, 1864. In-8. fr.

VULPIAN. **Leçons de physiologie générale et comparée du système nerveux** faites au Muséum d'histoire naturelle, recueillies et rédigées par M. Ernest Brémond, 1 fort vol. in-8. Prix. 10 fr.

WOILLEZ (Madame). **Les Médecins moralistes**, code philosophique et religieux extrait des écrits des médecins anciens et modernes, notamment des docteurs français contemporains, avec un Discours préliminaire de feu le professeur Brachet (de Lyon), et une Notice par le docteur Descuret. 1862, in-8. fr.

Paris. — Imprimerie de E. MARTINET, rue Mignon, 2.

www.ingramcontent.com/pod-product-compliance
Ingram Content Group UK Ltd.
Pitfield, Milton Keynes, MK11 3LW, UK
UKHW021125220726
13924UKWH00004B/1911